Psychologie für Führungskräfte

W0068456

Psychologie für Führungskräfte

von
Boris von der Linde
und
Anke von der Heyde

Haufe Mediengruppe
Freiburg · Berlin · München · Zürich

Bibliographische Information Der Deutschen Bibliothek

Die Deutsche Bibliothek verzeichnet diese Publikation in der Deutschen Nationalbibliographie; detaillierte bibliographische Daten sind im Internet über http://dnb.ddb.de abrufbar.

ISBN 3-448-05210-8   Best.-Nr. 00295-0001

© 2003 Rudolf Haufe Verlag GmbH & Co. KG,
Niederlassung Planegg/München
Postanschrift: Postfach, 82142 Planegg
Hausanschrift: Fraunhoferstr. 5, 82152 Planegg
Telefon (089) 8 95 17-0, Telefax (089) 8 95 17-250
E-Mail: online@haufe.de, Internet: http://www.haufe.de

Redaktion: Dipl.-Kffr. Kathrin Menzel-Salpietro
Lektorat: Helmut Haunreiter

Umschlaggestaltung: Atelier Höpfner-Thoma, 81679 München
Desktop-Publishing: Agentur Satz & Zeichen, Karin Lochmann, 83119 Obing
Druck: Bosch-Druck GmbH, 84030 Ergolding

Zur Herstellung der Bücher wird nur alterungsbeständiges Papier verwendet.

Inhaltsverzeichnis

Einführung

Der zukünftige Unternehmenserfolg hängt nachhaltig davon ab, in welchem Maß es Führungskräften gelingt, ihr Handeln an der Strategie des Unternehmens auszurichten. Zudem stellen der gesamtgesellschaftliche Wertewandel und die Veränderungen der Arbeitswelt, wie z. B. Globalisierung und Technologisierung, Führungskräfte vor wachsende Herausforderungen. Wirkungsvolle Führung setzt nicht nur Fachkenntnis voraus. Es gilt, die Geführten dahingehend zu lenken, dass die Unternehmens- bzw. Bereichsziele erreicht werden.

Im Rahmen ihrer Tätigkeit für Kienbaum können die Autoren auf eine langjährige Erfahrung im Bereich der Management- und Unternehmensberatung zurückblicken. Dabei konnte immer wieder beobachtet werden, dass Mitarbeiter an eine Führungsposition gelangen, die zwar über ausreichend Fachwissen verfügen, sich aber mit den darüber hinausgehenden Anforderungen an eine Führungskraft wenig auseinandergesetzt haben.

Führungskräfte werden langfristig nur dann auf einen anhaltenden Erfolg hinsteuern, wenn Klarheit über das Selbstverständnis und die Rolle der Führung besteht. Wer erfolgreich führen will, muss den Menschen, seine Persönlichkeit, seine Werte und Einstellungen verstehen. Was also ist die zentrale Frage? Um es im Alltagjargon auszudrücken: Wie ticke ich selbst als Führungskraft und wie ticken meine Mitarbeiterinnen und Mitarbeiter?

Wie bedeutsam Psychologie im unternehmerischen Umfeld heute ist, untermauert der Wirtschaftsnobelpreis 2002. Er ging an die amerikanischen Forscher Daniel Kahnemann und Vernon L. Smith. Der gebürtige Israeli Kahnemann wurde für die Einführung psychologischer Forschungsmethoden in die Wirtschaftswissenschaften ausgezeichnet.

In der Begründung der Akademie hieß es: Seine Arbeiten haben eine neue Generation von Forschern in der Volkswirtschaft und Finanzwissenschaft inspiriert, die die ökonomische Theorie mit Einsichten aus der Psychologie um menschliche Motive bereichert haben.

Es ist das Ziel des vorliegenden Buchs, Führungskräften das für ihre Aufgaben relevante psychologische Wissen zu vermitteln und zu zeigen, wie die Theorie erfolgreich in den Führungsalltag transferiert werden kann.

Führungsaufgaben konzentrieren sich zu einem wesentlichen Teil auf zwischenmenschliche Interaktion. Erst wenn ein klares Konzept hierzu vorliegt, ist es einer Führungskraft möglich, die vielfältigen Führungsinstrumente und -methoden adäquat und effizient einzusetzen.

Gleichzeitig gibt es keine allgemein gültigen Rezepte. Die menschliche Natur ist zu komplex und facettenreich. Erfolgreich führen fordert von der Führungskraft Kreativität. Doch Kreativität, die ihre Inspiration aus einem luftleeren Raum bezieht, führt zu zweifelhaften Ergebnissen. Führen kann durchaus mit der Gestaltung eines Kunstwerks verglichen werden: Nur auf der Basis eines soliden Handwerks kann sich die Kreativität wirkungsvoll entfalten.

Das vorliegende Buch soll Ihnen dieses Handwerk vermitteln. Deshalb werden zunächst psychologische Grundlagen und das Thema Führen allgemein beleuchtet. Darauf aufbauend stellen wir Ihnen die vielfältigen Führungsinstrumente und -methoden vor, die Ihnen helfen sollen, konkrete Alltagssituationen erfolgreich zu gestalten: Wie kann man Konfliktsituationen bewältigen? Wie kann man seine Mitarbeiter motivieren? Wie kann man seine Mitarbeiter besser einschätzen?

Die erläuternden Beispiele sind einfach und plakativ gestaltet, um dem Leser bestimmte Aspekte der Theorie nahe zu bringen. Den Autoren ist bewusst, dass die tatsächlichen Alltagssituationen weniger eindeutig und vielschichtiger sind.

Die psychologischen Grundbausteine

Die Einzigartigkeit von Menschen ist eine der Grundtatsachen des Lebens. Individuelle Besonderheiten sind bereits unmittelbar nach der Geburt offenkundig und verstärken sich mit zunehmendem Lebensalter. Keiner ist dem anderen in Aussehen, Gestik, Mimik und allgemeinem Auftreten, in Denkweise, Meinungen und Einstellungen, in Sprache und Verhalten gleich. Jeder reagiert in einer nur ihm eigenen Weise auf seine Umwelt und Mitmenschen.

> Die Summe der Faktoren des Temperaments, der menschlichen Werte und Einstellungen, des emotionalen und sozialen Verhaltens machen das Wesen der Persönlichkeit aus.

Führungskräfte – wie jeder Mensch – stehen in ständiger Interaktion mit ihrer Umwelt, d. h. mit Kollegen, Vorgesetzten, Mitarbeitern, Kunden etc. Sie müssen sich in die verschiedensten Interaktionspartner einfühlen und Signale frühzeitig erkennen, um auf jede Situation adäquat reagieren zu können. Wer als Führungskraft den täglichen Anforderungen und Aufgaben gerecht werden will, muss die Ressource Mensch kennen und verstehen.

Die psychologischen Grundlagen, die wir Ihnen in diesem Kapitel vorstellen, sollen Ihnen dazu verhelfen, sich selbst und andere besser verstehen und kennen zu lernen. Bei der Auswahl der in diesem Kapitel dargestellten Theorien wurde auf zwei Aspekte besonderer Wert gelegt: Sie sollten nicht unnötig komplex, also leicht in den Führungsalltag transferierbar sein, und gleichzeitig ein praxisrelevantes Informationsspektrum abdecken.

Das Vier-Typen-Modell – praktisch und alltagstauglich

Die Frage nach der Persönlichkeit ist so alt wie die Menschheit. Der Versuch die schillernde Vielfalt des Menschen zu klassifizieren bzw. in einem Raster greifbar zu machen löst bis heute Faszination aus. Es gibt inzwischen ungezählte Persönlichkeitstheorien mit dem jeweiligen Anspruch, Menschen zu charakterisieren, sie einzuordnen, um in der Folge ihr Verhalten im Alltag berechenbarer zu machen.

Nachfolgend stellen wir Ihnen das so genannte Vier-Typen-Modell vor, mit dem Sie einen Einblick in Ihre eigene Persönlichkeitsstruktur und die anderer Menschen, insbesondere Ihre Mitarbeiter, gewinnen.

Die Arbeit mit diesem Modell ermöglicht Ihnen:

- Sich selbst und andere besser zu verstehen.
- Grundsätzliche Verhaltenstendenzen einzuordnen.
- Individuelle Stärken und Schwächen zu erkennen.
- Entwicklungsmaßnahmen zielgerichtet abzuleiten.

In der Literatur finden sich noch weitere Persönlichkeitstheorien. Wir haben uns aus mehreren Gründen für das Vier-Typen-Modell entschieden. Es stellt eine Zusammenfassung von Verhaltensdimensionen dar, die in der Praxis – insbesondere in Coaching-Prozessen – beobachtet wurden, und von Persönlichkeitsmerkmalen, die in theoretischen Hypothesen postuliert werden.

Weiterhin wurde dem Modell vor zum Teil viel komplexeren Theorien der Vorzug gegeben, weil es leicht in den Führungsalltag transferierbar ist und somit sofort praktische Anwendung finden kann.

Das dargestellte Modell unterscheidet vier grundlegende Verhaltensmuster, die sich in jedem Menschen wiederfinden – allerdings in unterschiedlichem Ausmaß.

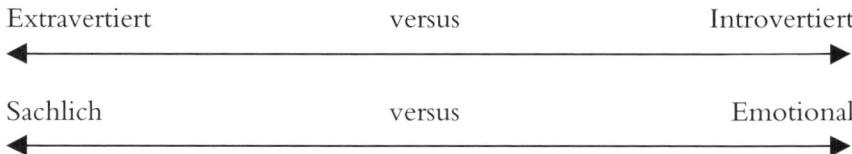

| Extravertiert | versus | Introvertiert |

| Sachlich | versus | Emotional |

Überträgt man diese Verhaltensmuster in ein Koordinatensystem ergibt ein Vier–Typen–Modell, das in den einzelnen Quadranten folgende vier Persönlichkeitstypologien beschreibt:

Treiber, Analytiker, Ausdrucksvoller, Zuverlässiger.

sachlich	
Antreiber dominierend, selbstbewusst, energisch, willensstark, direkt, zielorientiert, anspruchsvoll, entscheidungsfreudig	**Analytiker** gründlich, ordnungsliebend, analytisch, diplomatisch, fleißig, detailorientiert, diszipliniert, reserviert
Ausdrucksvoller begeisterungsfähig, gesprächig, kontaktfreudig, risiko- freudig, energisch, mitreißend, spontan, kreativ	**Zuverlässiger** ruhig, kooperativ, hilfsbereit, unterstützend, loyal, geduldig, zuverlässig, bescheiden
emotional	
extravertiert	introvertiert

Abbildung: Das Vier-Typen-Modell

Die vier Typen lassen sich folgendermaßen beschreiben:

TREIBER = SACHLICHES UND EXTRAVERTIERTES VERHALTEN

Sie werden in ihrer Beziehung zu anderen als ergebnisorientiert, initiativ und manchmal aggressiv beschrieben. Sie lieben Herausforderungen durch neue Ideen, reagieren rasch auf Veränderungen und zögern nicht, die Äußerungen und Handlungsweisen anderer zu korrigieren, zu verbessern, zu modifizieren oder ihnen zu widersprechen.

Sie werden als geradlinig angesehen, handeln rasch, sind voller Energie und weisen opportunistische Züge auf. Ihre Ziele erreichen sie am besten, wenn ihnen Verantwortung übertragen wird und sie die Dinge selbst steuern können. Besonders gerne entwerfen sie Pläne, mit deren Ausführung in der Folge andere Personen befasst sind. Wenn sie ihre Ideen realisieren, nehmen sie jedes Risiko in Kauf.

ANALYTIKER = SACHLICHES UND INTROVERTIERTES VERHALTEN

Sie werden als überlegt, zurückhaltend und logisch angesehen, lieben festgelegte Vorgehensweisen, wägen alle Alternativen sorgfältig und lange ab und bleiben ihren Zielsetzungen verhaftet. Sie sind disziplinierte Menschen, die anderen gerne die Initiative überlassen und unabhängig bleiben wollen.

Ihre Ziele erreichen sie am besten, wenn Risiken von Anfang an ausgeschaltet werden können und für einen reibungslosen Ablauf ihrer Projekte genügend Daten vorhanden sind. Sie streben mehr nach Vollständigkeit als nach schnellen Ergebnissen.

AUSDRUCKSVOLLER = EMOTIONALES UND EXTRAVERTIERTES VERHALTEN

Sie werden als initiativ, emotional und mitreißend angesehen, sind freundlich und fühlen sich äußerst wohl in Interaktionen mit anderen bzw. vor Publikum. Sie brauchen Applaus und Anerkennung als wichtige Belohnung für ihre Leistungen. Bei Entscheidungen stützen sie sich auf ihre Gefühle und treffen sie aus dem Bauch heraus.

Für Neues und Unbekanntes können sie sich sehr schnell begeistern. Sie erreichen ihre Ziele am besten, wenn sie sich für die Aufgabe begeistern können und ihnen viel Gestaltungsraum dabei gegeben wird. Gleichzeitig ist es zwischendurch notwendig, klare Kontrollen zu definieren, da sie sich schnell verzetteln.

ZUVERLÄSSIGER = EMOTIONALES UND INTROVERTIERTES VERHALTEN

Sie werden als ruhig, bescheiden und hilfsbereit angesehen, sind warmherzige und freundliche Zuhörer, mit denen man leicht auskommt. Persönlichen Kontakt und geteilte Verantwortung lieben sie. Dabei legen sie sehr viel Wert auf eine harmonische Arbeitsatmosphäre und tendieren dazu, möglichen Konflikten aus dem Weg zu gehen.

Ihre Ziele erreichen sie dann am besten, wenn zunächst tragfähige, vertrauensvolle persönliche Beziehungen aufgebaut werden. Risiken oder schnellen Entscheidungen gehen sie aus dem Weg, außer sie haben präzise Daten oder tatkräftige Helfer im Hintergrund. Sie gelten als äußerst kooperative Arbeitskollegen oder Verhandlungspartner.

Mit dem Ziel, die Unterschiede der vier Typen deutlich hervorzuheben, wurde eine sehr pointierte Beschreibung der einzelnen Typologien gewählt. Es gibt keine Reinformen. Jeder Mensch zeigt generell Verhaltensweisen aus jedem der vier Quadranten. Je nach Situation im beruflichen oder privaten Umfeld neigt er jedoch dazu, einen dieser Stile öfter an den Tag zu legen.

Persönlichkeitseigenschaften können aus konkreten Verhaltensweisen erschlossen werden, aus spezifischen Handlungen, die charakteristisch für eine bestimmte Person sind. In professionellem Rahmen werden Tests bzw. strukturierte Erhebungsverfahren verwendet.

Sie haben die Stelle gewechselt und sind neu in einer Führungsposition. Die erste Teamsitzung steht an. Mitarbeiter A verhält sich in dieser Zusammenkunft sehr dominant, zieht immer das Wort an sich und möchte seine Lösungen und Argumente durchsetzen. Das dominante Verhalten beobachten Sie in den nächsten Wochen jedoch nicht nur in dieser spezifischen Situation, sondern auch in anderen ähnlichen Situationen. Aus Ihrer Beobachtung schließen Sie auf eine gewisse Stabilität des dominanten Verhaltens bei dem Mitarbeiter A.

Das Verhalten einer Person ist ein zentraler Indikator für bestimmte Persönlichkeitseigenschaften. Indem Sie das Verhalten Ihrer Mitarbeiter beobachten, können Sie eine Grobeinschätzung nach dem zuvor beschriebenen Persönlichkeitsmodell vornehmen. Beobachten Sie, welche Verhaltenstendenzen sich in den verschiedensten Situationen wiederholen.

Die folgende Tabelle fasst Anhaltspunkte zusammen, die auf mögliche Verhaltenstendenzen Ihrer Mitarbeiter schließen lassen.

Anhaltspunkte für Verhaltenstendenzen			
Extravertiert:	Introvertiert:	Sachlich:	Emotional:
gesprächig und redegewandt	zurückhaltend und abwartend	aufgaben- orientiert	menschen- orientiert
offen für Neues	reserviert	kaum Ausdruck von Gefühlen	Ausdruck von Gefühlen (verbal + Aus- druck)
laut	leise	Haltung: verschlossen formal	Haltung: warm entspannt

Achten Sie auf die Körpersprache, d. h. die Gestik, Mimik und Körperhaltung. Hören Sie auf die Stimme mit ihrem Tonfall, der Lautstärke, dem Tempo, der Modulation etc. Weitere Hinweise geben die Worte, d. h. Inhalt, gewählte Formulierungen und vermittelte Botschaften.

Das Selbstwertgefühl des Menschen

Die zentrale Instanz des Seelenlebens, mit der alles verbunden ist, was Menschen tun oder lassen – das Ich – zu verstehen, ist eine unabdingliche Voraussetzung, um menschliches Verhalten erklären zu können. Die Entwicklung des Ichs, die ein Mensch erreicht hat, manifestiert sich in seinem Selbstwertgefühl.

Das Selbstwertgefühl bildet sich im Laufe der Entwicklung und ist das wichtigste Verhaltensregulativ beim Menschen. Wer vergleichsweise Ich-schwach ist, fühlt sich minderwertig. Ein gesundes Ich zeigt sich in einem ausgeprägten Selbstwertgefühl.

Um ein gesundes Selbstwertgefühl entwickeln zu können, müssen im Laufe der Entwicklung eines Menschen mindestens fünf Prämissen erfüllt werden:

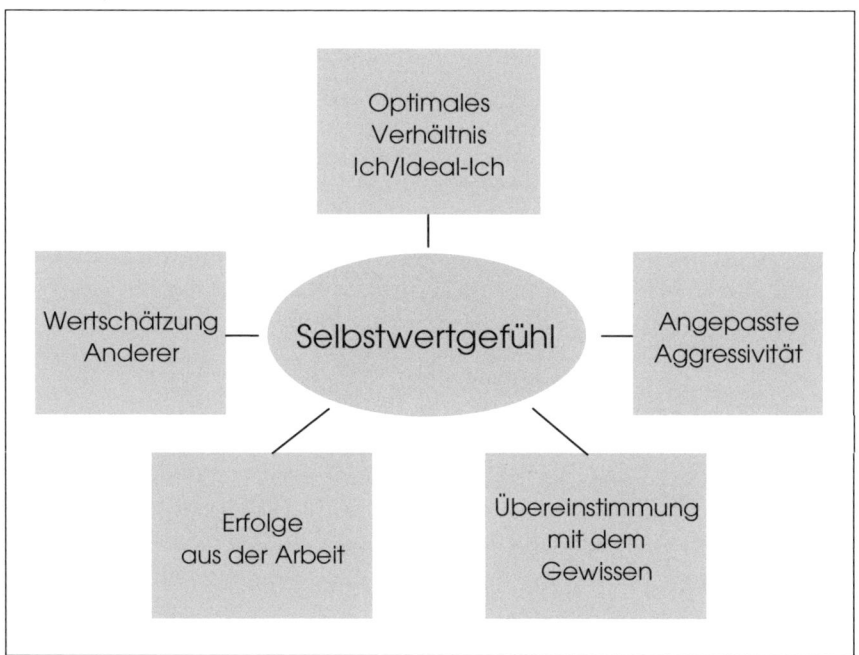

Abbildung: Prämissen des Selbstwertgefühls

EIN OPTIMALES VERHÄLTNIS ZWISCHEN ICH UND IDEAL-ICH

Das Ideal-Ich wird von den Eltern vermittelt. In jeder intakten Familie gibt es Personen, z. B. aus Filmen, Büchern, Politik und Wissenschaft, die idealisiert werden. Aus den Eigenschaften dieser Idole formt sich der Mensch sein Ideal-Ich.

Ist dieses Wunschbild der Persönlichkeit von dem Bild des realen Ichs zu weit entfernt, geraten Menschen in eine Krise. Dies ist stets in der Pubertät der Fall, wenn sie sich von alten Idolen, z. B. einem maßlos idealisierten Vater, ablösen. Wenn es nicht gelingt, sich neuen Idolen zuzuwenden und gleichzeitig das Ideal-Ich auf ein vernünftiges Maß zu reduzieren, ist das Selbstwertgefühl bedroht.

ÜBEREINSTIMMUNG MIT DEM GEWISSEN

Das Gewissen ist der innere Spiegel der gesellschaftlichen Moral. Auch die Moral wird von den Eltern übermittelt. Doch irgendwann beginnt der denkende Mensch, die übernommenen Vorstellungen infrage zu stellen. Er entwickelt seine eigene Moral, passt sie an seine Persönlichkeit an. Der Mensch definiert, was sein Gewissen ausmacht.

Handlungen, die mit diesem Gewissen übereinstimmen, machen einen Menschen weitgehend unempfindlich gegen Reaktionen seiner Umwelt. Es ist ihm gleichgültig, was andere über ihn denken. Solange er sich an diese freiwilligen Normierungen seiner Verhaltensweisen hält, kann er ruhig schlafen.

ERFOLG AUS DER ARBEIT

Einem Menschen genügt es nicht, nur zu arbeiten und gute oder überdurchschnittliche Leistungen zu erbringen. Er will für diese Leistungen gelobt werden. Eine gute berufliche Leistung ist ohne Anerkennung durch die Umwelt wertlos. Deshalb steigert Lob in hohem Maß den Selbstwert eines Menschen und stellt einen zentralen motivationalen Faktor im beruflichen Kontext dar.

DIE WERTSCHÄTZUNG ANDERER

Der Mensch will nicht nur als Träger einer Funktion, z. B. als guter Mitarbeiter oder als Vorsitzender eines Vereins anerkannt werden. Er möchte von seiner Mitwelt vielmehr als Person geschätzt werden. Dieses Motiv ist einer der Beweggründe, warum so viele Menschen öffentlich wohltätig werden.

DIE ANGEPASSTE AGGRESSIVITÄT

Der Mensch ist ein lebendes Energiepotenzial. Von diesem Potenzial macht er in der Regel nur zu einem verschwindend geringen Teil Gebrauch. Es besteht ein Triebüberschuss, der allein durch sein Vorhandensein stets die Gefahr in sich trägt, in Aggressivität umzuschlagen. Das zeigt sich immer wieder bei Demonstrationen oder in Paniksituationen.

Durch Einsicht in die Gefährlichkeit seiner latenten Aggressionsbereitschaft, eine klare Zielsetzung und Selbstdisziplin lernt der Mensch mit seiner Aggressivität umzugehen. Nur wer es gelernt hat, seine seelischen Energien im Zaum zu halten oder sie in von der Gesellschaft tolerierte Kanäle zu lenken, wird zu einer ausgeglichenen Persönlichkeit.

> Menschen bewerten ihre eigene Person und bilden damit ihr Selbstwertgefühl. Was immer sie tun oder unterlassen geschieht – unbewusst – in der einzigen Absicht, ihr Selbstwertgefühl zu stärken bzw. Angriffe auf das Selbstwertgefühl abzuwehren.

Ist das Selbstwertgefühl unterentwickelt, äußert sich dies vor allem in den folgenden Reaktionen:

- Übermäßige Abhängigkeit von der Umgebung. Ja-Sager ohne eigene Meinung und Initiative.
- Hohes Verlangen nach Sicherheit, keine Experimente, kein Risiko.
- Übermäßiges Geltungsbedürfnis und, damit verbunden, die Jagd nach Erfolgen, wobei man Erfolge oft auf sekundären Gebieten, wie z. B. im Gartenspartenverein, erstrebt, um überhaupt etwas vorweisen zu können.

Um die Entwicklung eines gesunden Selbstwertgefühls zu fördern, ist es wichtig, den Mitarbeitern gegenüber Ihre Wertschätzung zum Ausdruck zu bringen. Die folgenden Praxistipps sollen Ihnen Anregungen dazu geben:

Folgerungen für die Praxis

- Stellen Sie eine auf gegenseitigem Vertrauen beruhende zwischenmenschliche Beziehung zu Ihren Mitarbeitern her.

- Lassen Sie Ihre Mitarbeiter immer wieder merken, dass Sie sie nicht nur als begabte Fachkräfte, sondern auch als Menschen schätzen.

- Lassen Sie sich ab und zu auf Gebieten beraten, die nicht zur Arbeit gehören, in denen der Mitarbeiter sich als Fachmann fühlt, z. B. im sportlichen Bereich oder beim Autokauf.

- Fördern Sie Einladungen zu privaten Gruppenaktivitäten.

- Schicken Sie Ihre Mitarbeiter mit dem Ziel auf Verhaltenstrainings, Sicherheit im zwischenmenschlichen Umgang zu erlangen.

Einstellungen und Verhalten

Jeder Mensch bevorzugt entsprechend seiner Eigenschaften und Einstellungen je nach Situation und Umfeld einen bestimmten Verhaltensstil.

> Das Verhalten des Menschen
> ist eine Funktion der Persönlichkeit und Umwelt.
> Kurt Lewin

Die Psychologie will das menschliche Verhalten erklären und vorhersagen. Mit der Erforschung sozialer Einstellungen hat man sich vor allem deswegen so intensiv beschäftigt, weil Einstellungen als Verhaltensindikatoren dienen, d. h. sie beeinflussen das menschliche Verhalten.

DEFINITION: EINSTELLUNGEN

Einstellungen sind Überzeugungen, die auf ein Einstellungsobjekt, z. B. bestimmte Personen, Ideen, Ereignisse oder Dinge, vertreten werden. Einstellungen stehen demnach für den Affekt, der durch ein Einstellungsobjekt hervorgerufen wird, d. h. seine positive oder negative Bewertung.

Man unterscheidet drei Komponenten:

- die kognitive,
- die affektive und
- die Verhaltenskomponente.

Alle drei hängen eng zusammen.

Als Führungskraft haben Sie zu den Fähigkeiten und der Qualifikation eines Mitarbeiters eine bestimmte Einstellung. Dieses Wissen um Funktion und Bedeutung seiner Arbeit entspricht der kognitiven Komponente. Davon unabhängig können Sie den Mitarbeiter ablehnen oder wertschätzen – ein Ausdruck der emotionalen bzw. affektiven Komponente. Über die Verhaltenskomponente lässt sich Ihre Einstellung beobachten. Dies kann z. B. der Grad der Verantwortung sein, die Sie dem Mitarbeiter übertragen, Ihre Bereitschaft, ihm Weiterbildungsseminare zu bewilligen, oder die Art, wie Sie den persönlichen Kontakt gestalten.

Die **kognitive Komponente** besteht aus Ansichten, Denkweisen und Wahrnehmungen des Individuums. Häufig wird in diesem Zusammenhang der Begriff Meinung gebraucht.

Die **affektive Komponente** besteht in einer mehr oder weniger positiven oder negativen Bewertung des Einstellungsobjekts. Diese Bewertungen sind mit Gefühlen verbunden.

Mit der **Verhaltenskomponente** ist die Handlungstendenz gegenüber dem Einstellungsobjekt gemeint, wobei diese nicht in jedem Fall zu einem tatsächlichen, offen zu Tage tretenden Verhalten führen muss.

Entstehung und Funktion von Einstellungen

Um erklären zu können, wie Einstellungen entstehen, ist es wichtig zu wissen, welche Funktionen sie in der Auseinandersetzung des Individuums mit der Umwelt haben können. In der Einstellungsforschung wird angenommen, dass folgende vier Funktionen für das Individuum von zentraler Bedeutung sind:

ANPASSUNGSFUNKTION

Der Mensch ist bestrebt Belohnungen zu maximieren und Bestrafungen zu minimieren. Daher wird er zu solchen Objekten positive Einstellungen annehmen, die zu Verstärkungen aus seiner sozialen Umgebung führen oder in sich selbst belohnend sind. Gleichzeitig wird er negative Einstellungen zu Objekten entwickeln, die zu Bestrafung oder Frustration führen.

WERTAUSDRUCKSFUNKTION

Der Mensch möchte seinen persönlichen Wertvorstellungen Ausdruck verleihen, um auf diese Art und Weise seine Gruppenzugehörigkeit zu signalisieren. Häufig basieren religiöse und ideologische Wertvorstellungen auf dieser Funktion.

ORIENTIERUNGSFUNKTION

Sie ergibt sich aus dem Bedürfnis des Menschen, seine Umwelt mithilfe seiner Einstellungen besser zu verstehen, ihr einen Sinn zu geben und sie zu strukturieren. Das Denken in bestimmten Kategorien ermöglicht es, andere Personen und die Umwelt schnell wahrzunehmen und einzuschätzen.

ICH-VERTEIDIGUNGSFUNKTION

Sie dient dem Menschen zur Abwehr und als Schutz vor unerfreulichen und bedrohlichen Grundtatsachen wie Arbeitslosigkeit, Krankheit, Tod, Abwertung des Status etc. Die Ich-Verteidigungsfunktion dient vor allem dazu, das Selbstwertgefühl aufrechtzuerhalten.

Der Mensch kann seine Einstellungen aus vielerlei Gründen erwerben. Im direkten Kontakt mit Bezugspersonen, z. B. mit der Familie, dem Freundeskreis oder mit Kollegen, liefert die sprachliche Kommunikation neue Informationen und Auffassungen über die Umwelt, die dann als Einstellungen übernommen werden.

Menschen orientieren sich an bestimmten Gruppen, zu denen sie sich zugehörig fühlen. Eine starke Identifikation mit diesen Gruppen kann ebenfalls dazu führen, dass Einstellungen übernommen werden.

Auch direkte Erfahrungen mit einem Einstellungsgegenstand oder traumatische Erlebnisse, wie z. B. der Verlust des Arbeitsplatzes oder ein Verkehrsunfall, können dazu führen, dass sich im Menschen Einstellungen bilden.

Hat ein Mitarbeiter z. B. über einen längeren Zeitraum äußerst schlechte Erfahrungen mit seinem Vorgesetzten gemacht, beginnt er diese Erfahrung zu generalisieren. Er wird sie auch auf andere Vorgesetzte oder Autoritäten beziehen. Solche Einstellungen sind meist sehr ausgeprägt und dauerhaft.

Einstellungen ändern durch Kommunikation

Wie am Anfang des Abschnitts beschrieben, beeinflussen Einstellungen das menschliche Verhalten. Führungskräfte werden immer wieder mit Situationen konfrontiert, in denen Mitarbeiter aufgrund ihrer Einstellungen Verhaltenstendenzen zeigen, die den aktuellen Erfordernissen nicht dienen.

Der Mensch erwirbt seine Einstellungen im Laufe seiner Entwicklung. Sie zu ändern ist deshalb ein Prozess, der sich zum Teil als äußerst langwierig erweist. Zudem erfüllen Einstellungen verschiedene Funktionen. Sie ermöglichen eine bessere Anpassung an die Umwelt, schützen vor unerfreulichen Wahrheiten oder führen dazu andere besser zu verstehen.

Es gibt zusätzliche Mechanismen, die eine Einstellungsänderung erschweren. Menschen selektieren Informationen aus ihrer Umwelt, die das subjektive Bild von einem Einstellungsobjekt bestätigen. Informationen, die eine Bedrohung darstellen oder nicht zu den eigenen Wertvorstellungen passen, werden ignoriert, verdrängt oder vergessen. Der Abschnitt "Was beeinflusst die Informationsaufnahme?" im Kapitel "Menschen einschätzen" vertieft das Phänomen der selektiven Wahrnehmung.

Wenn Sie nachhaltig die Einstellungen und damit auch das Verhalten eines Mitarbeiters ändern wollen – z. B. bei einer notwendigen organisatorischen Umstrukturierung –, gelten die folgenden Prämissen:

- Ziel: Ändern der kognitiven Einstellungskomponente durch Kommunikation.
- Vorbereitung: Hinterfragen der Funktion, die die Einstellung für den Gesprächspartner erfüllt.
- Vorgehen: Die Einstellungsänderung erfolgt im fünfstufigen Prozess.

Soll eine Einstellung durch direkte, persönliche Kommunikation geändert werden, sind folgende drei Variablen von zentraler Bedeutung:

- Der **Kommunikator** (Sender): Wie wird der Sender, z. B. die Führungskraft, vom Empfänger, z. B. dem Mitarbeiter, wahrgenommen und bewertet?
- Der **Kommunikant** (Empfänger): In welcher Beziehung steht der Empfänger zum Einstellungsobjekt?
- Die **Kommunikation** per se (Mitteilung): Wie wird die Mitteilung vom Empfänger wahrgenommen und verarbeitet?

1. DER KOMMUNIKATOR

Inwieweit es der Führungskraft – dem Sender – möglich ist, eine effektive und dauerhafte Einstellungsänderung bei dem Mitarbeiter – dem Empfänger – zu erzielen, ist zum großen Teil von der Bewertung seiner

Person abhängig. Eine positiv bewertete Führungskraft erreicht eher eine Einstellungsänderung als ein neutral oder negativ bewerteter Sender.

Positive Bewertung erreichen Sie durch:

- Ein hohes Maß an Kompetenz und Sachkenntnis. Sie erhöhen damit Ihre Glaubwürdigkeit.
- Wahrgenommene Ähnlichkeit mit dem Empfänger, z. B. durch gleiche Wertvorstellungen. Sie erscheinen dadurch sympathischer und attraktiver und schaffen gleichzeitig Nähe.
- Den Einsatz positiver Verstärker, wie Wertschätzung, Empathie und Akzeptanz. Sie stellen damit eine positive Gesprächsatmosphäre her.

Neben der positiven Bewertung schätzt der Empfänger einer Mitteilung oder Information auch ab, über welches Ausmaß von Macht der Sender verfügt. Untersuchungen haben ergeben, dass Sender, die über Macht und damit über Kontroll- und Sanktionsmöglichkeiten verfügen, leichter Einstellungsänderungen bewirken können.

Neben den angeführten Sendermerkmalen ist für den Prozess der Einstellungsänderung die Funktion, die die Einstellung für den Empfänger erfüllt, entscheidend. Wenn darüber Kenntnis besteht, ist es der Führungskraft möglich, sich auf den Gesprächspartner einzustellen. In der Praxis ist eine ablehnende Haltung gegenüber Veränderungen oder Umstrukturierungsprozessen oft aufgrund lückenhafter oder sogar falscher Informationen zu beobachten. Es handelt sich hierbei um ein Defizit in der Orientierungsfunktion.

2. DER KOMMUNIKANT

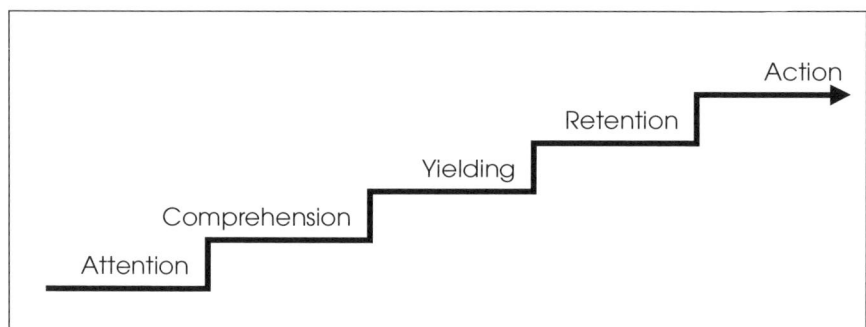

Abbildung: Das Fünf Stufen-Modell der Einstellungsänderung

Der Prozess der Einstellungsänderung lässt sich in einem Fünf-Stufen-Modell darstellen. Um Einstellungsänderung zu erzielen, müssen folgende Prozessschritte stattfinden:

Attention – das Problem der selektiven Wahrnehmung
Menschen selektieren die Eindrücke ihrer Umwelt so, dass sie mit ihren Einstellungen kompatibel sind. Dabei ziehen sie Informationen, die eigene Ansichten stützen, gegenteiligen Informationen vor. Argumente, die ihr Selbstwertgefühl bedrohen und außerdem für sie von geringem Nutzen sind, werden ignoriert oder verworfen.

Comprehension – das Problem des Verstehens
Informationen sollten nicht zur Abwehrhaltung beim Empfänger führen. Aus diesem Grund sollten sie verständlich, klar und logisch sowie den jeweiligen Bezugsrahmen beachtend formuliert sein.

Yielding – das Problem des Nachgebens
Man unterscheidet drei Möglichkeiten der sozialen Beeinflussung: durch Konformitätsdruck und Macht, Glaubwürdigkeit sowie durch soziale Interaktion innerhalb einer Bezugsgruppe und Identifikation. Das Nachgeben wird erleichtert, je höher der Machteinfluss des Senders ist und damit die Möglichkeit ist Verhalten zu belohnen bzw. zu bestrafen. Zudem spielen Attraktivität und Glaubwürdigkeit eine wesentliche Rolle.

Retention – das Problem des Behaltens
Einstellungsänderungen werden am ehesten behalten, wenn es sich um machtvolle und sympathische Sender handelt, die ständig gegenwärtig sind. Gleichzeitig sollten die Informationen möglichst häufig durch verschiedene Medien wiederholt werden.

Action – das Problem des Verhaltens
Verhalten ist nicht nur von Einstellungen abhängig, sondern auch von bestehenden Gewohnheiten, Verstärkungserwartungen und Gruppennormen. Neuerungen im Unternehmen werden z. B. am ehesten umgesetzt, wenn ihr relativer Vorteil (Verstärkung) möglichst groß ist, sie mit den Normen in der Abteilung/Arbeitsgruppe im Einklang stehen (Gruppennormen) und der Mitarbeiter bereits in andere erfolgreiche Veränderungsprozesse involviert war (Gewohnheiten). Außerdem spielen Persönlichkeitsvariablen wie Wertvorstellungen und Leistungsmotivation eine Rolle.

3. DIE KOMMUNIKATION

Wie bereits zu Beginn erwähnt, beeinflusst die Gestaltung der Kommunikation per se, d. h. Struktur, Inhalt und Stil, ebenfalls in erheblichem Maße den Grad der Einstellungsänderung. Basierend auf den Ergebnissen empirischer Untersuchungen sind nachfolgend die wichtigsten Hinweise zusammengefasst.

Folgerungen für die Praxis

- Schaffen Sie eine positive Gesprächsatmosphäre. Planen Sie ausreichend Zeit ein, signalisieren Sie Ruhe.

- Stellen Sie zunächst die positiven Aspekte der Mitteilung dar (primacy-effect). Dadurch erreichen Sie Offenheit und Aufmerksamkeit beim Gesprächspartner. Er hört Ihnen aktiv zu.

- Nehmen Sie zunächst eine Position ein, die von der ursprünglichen Meinung des Gesprächspartners nur wenig abweicht. Damit vermeiden Sie den Bumerang-Effekt, d. h. die Gefahr, dass ursprüngliche Einstellungen zu extrem werden und die Bereitschaft zur Einstellungsänderung stark abnimmt. Besonders bei hoher Ich-Beteiligung und geringer Glaubwürdigkeit des Senders besteht diese Gefahr.
- Entfernen Sie sich in den weiteren Ausführungen langsam vom Standpunkt Ihres Gesprächspartners.
- Wiederholen Sie relevante Informationen.
- Legen Sie nicht nur Argumente dar, sondern ziehen Sie auch Schlussfolgerungen. Machen Sie Ihrem Gesprächspartner die Konsequenzen seines Verhaltens deutlich.

Zusammenfassung

DIE WICHTIGSTEN BOTSCHAFTEN
FÜR SIE ZUSAMMENGEFASST:

Das Verstehen des Wesen der Persönlichkeit mit den individuellen Einstellungen und Werten, den emotionalen und sozialen Verhaltensweisen ist Grundvoraussetzung für den Erfolg als Führungskraft. Dabei geht es einerseits um die Reflexion der eigenen Verhaltens- und Wirkungsweisen in der spezifischen Führungssituation und andererseits um die Fähigkeit, sich in die verschiedensten Mitarbeitertypologien einzufühlen und sensibel zu sein für versteckte Signale.

Das Vier-Typen-Modell verhilft Ihnen, Personen in einem äußerst pragmatischen Grundschema zu klassifizieren, Verhaltenstendenzen einzuordnen und damit zwischenmenschliche Interaktionen zielfördernd zu gestalten. Hinsichtlich einer hohen Sachorientierung werden zwei Typologien unterschieden:

Der **Treiber**, gekennzeichnet durch seine ausgeprägte Machermentalität und Ergebnisorientierung, sowie der **Analytiker**, gekennzeichnet durch seine strukturierte, disziplinierte und teilweise pedantische Vorgehensweise bei der Bewältigung seiner Aufgaben.

Verstärkt auf der emotionalen Ebene agierend und eher den Menschen als die Aufgabe im Mittelpunkt sehend, sind die folgenden zwei Typologien zu unterscheiden:

Der **Ausdrucksvolle**, der vor allem mit seiner Begeisterungsfähigkeit andere mitreißen kann und der **Zuverlässige**, der mit seiner ruhigen, hilfsbereiten und zuverlässigen Art zum harmonischen Arbeitsklima beiträgt.

Es gibt keine Reinformen, die sich in das Schema pressen lassen. Dennoch verhilft Ihnen die genaue Beobachtung des Verhaltens einer Person, Rückschlüsse auf bestimmte Persönlichkeitseigenschaften zu ziehen.

Aus Verhaltensbeobachtungen ergeben sich zudem wichtige Hinweise über das Selbstwertgefühl eines Menschen (z. B. gebeugte oder aufrechte Körperhaltung). Das Selbstwertgefühl bildet sich im Laufe der Entwicklung und reguliert maßgeblich das menschliche Verhalten. Die Aufgabe der Führungskraft besteht darin, die Entwicklung eines gesunden Selbstwertgefühls bei ihren Mitarbeitern zu fördern, indem sie ihnen Wertschätzung entgegenbringt und positive Verhaltensweisen durch Lob und Anerkennung verstärkt.

Versucht man menschliches Verhalten zu erklären und vorherzusagen, ist die Betrachtung der individuellen Einstellungen zwingend erforderlich. Einstellungen erfüllen für jeden Menschen verschiedene Funktionen, z. B. erleichtern sie die Anpassung an gegebene Umweltbedingungen. Sind Einstellungsänderungen notwendig, um z. B. den Mitarbeiter von der Notwendigkeit des geplanten Veränderungsprozesses zu überzeugen, müssen intensive Gespräche geführt werden, in denen es gilt, die Ursachen für die entsprechende „Meinung" herauszufinden sowie den Mitarbeiter mittels einer wertschätzenden und nachvollziehbaren Argumentationslinie zur Einstellungsänderung zu bewegen.

Was wird von Führungskräften erwartet?

Effiziente Mitarbeiterführung ist als strategischer Faktor der Unternehmensführung anerkannt. Aber wie geht das, führen? Alte Rezepte gelten nicht mehr. Der gesamtgesellschaftliche Wertewandel hat auch das Arbeitsleben stark verändert. Mitarbeiter haben andere Erwartungen an ihre Vorgesetzten und qualifizierte Führungskräfte müssen darauf eine Antwort finden.

Jede Organisation, jedes Unternehmen bedarf der Führung, um Ziele zu erreichen. Es ist ein wesentlicher Bestandteil des Aufgabenspektrums einer Führungskraft, Mitarbeiter dahingehend zu beeinflussen, dass diese Ziele verwirklicht werden.

> Die Mitarbeiter bzw. die Geführten sollen durch Führung dazu bewegt werden, Ziele zu erreichen, die sich aus der strategischen Zielsetzung des Unternehmens ableiten lassen.

Wie aber können Führungskräfte ihre Mitarbeiter dazu bewegen und motivieren, die Ziele umzusetzen? Hierfür kann es kein allgemein gültiges Patentrezept geben, die Beziehungen zwischen Menschen im beruflichen Alltag sind zu komplex und vielschichtig. Wie Sie die Führungswirksamkeit dennoch entscheidend verstärken können, zeigt Ihnen dieses Kapitel, das Ihnen eine Palette wirksamer Führungstechniken vorstellen wird.

Im folgenden Abschnitt soll zunächst geklärt werden, was „Führen" nach heutigem Verständnis bedeutet.

Was heißt eigentlich Führen?

Führung wird noch vielfach mit Hierarchie in Verbindung gebracht. Doch Arbeitswelt und Arbeitsbedingungen befinden sich im stetigen Wandel. Die Veränderungen stellen neue Herausforderungen an alle. Mit den folgenden Phänomenen müssen sich Führungskräfte heute auseinandersetzen:

- Es hat eine Globalisierung des Wettbewerbs stattgefunden. Aus diesem Grund müssen sich Unternehmen zunehmend an internationalen Maßstäben orientieren.
- Es herrschen flachere Hierarchien mit kundennahen und dezentralen Entscheidungswegen.
- Abläufe werden durch schnellere Produktentwicklung und Verkürzung der Produktlebenszyklen zunehmend komplexer.
- Als Folge von Hochtechnisierung und verstärkter Arbeitsteilung sind Unternehmensstrukturen vielschichtiger geworden.
- Um sich von der Konkurrenz zu unterscheiden und kundenspezifische, individuelle Lösungen zu kreieren, ist eine starke Konkurrenz- und Kundenorientierung erforderlich.
- Es hat ein Wertewandel stattgefunden: An die Stelle von Disziplin, Ordnung, Gehorsam und Pünktlichkeit tritt der Wunsch nach Selbstverwirklichung und sinnvoller Beschäftigung.

Die neuen Herausforderungen führen zwangsläufig auch zu einer Veränderung des Führungsverständnisses. Das Profil von Führungskräften verschiebt sich vom Macher zum Impulsgeber:

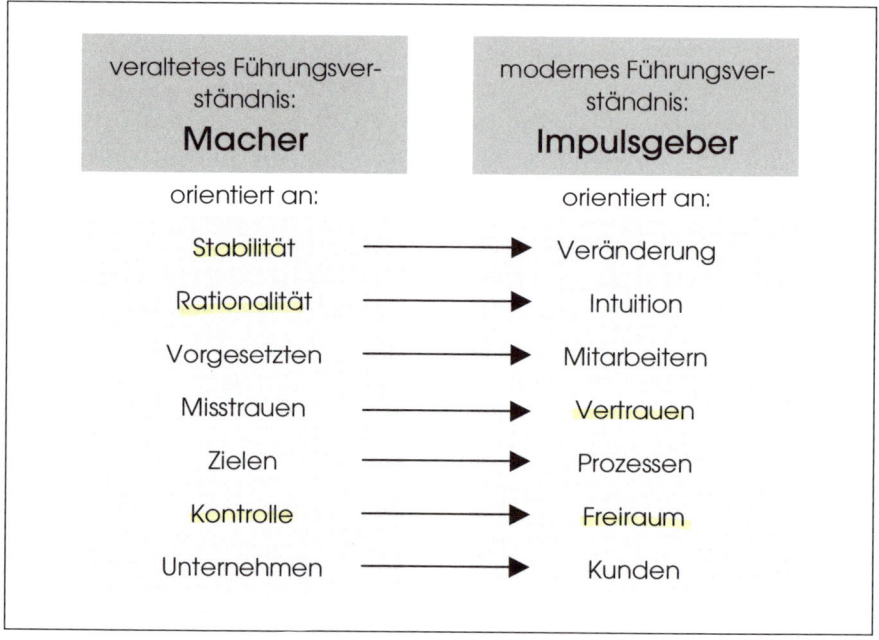

Abbildung: verändertes Führungsverständnis

Mit dem Wandel des Führungsverständnisses verschieben sich folge-
richtig auch die Vorstellungen über die Human Ressource der
Unternehmen – die Mitarbeiter.

MENSCHENBILD NACH MCGREGOR
KERNAUSSAGEN
FOLGERUNGEN FÜR DIE PRAXIS

Menschenbilder sind vereinfachte, standardisierte Muster menschlicher
Einstellungen und daraus resultierender Verhaltensweisen. Am Massa-
chusetts Institute of Technology entwickelte der amerikanische
Wissenschaftler Douglas McGregor ein System, mit dessen Hilfe die
Leistungsbereitschaft der Mitarbeiter eingeordnet werden kann: die
Theorie X und die Theorie Y.

Theorie X und Theorie Y beschreiben zwei völlig konträre Menschenbilder bezüglich der Einstellungen der Mitarbeiter zur
Arbeitsbereitschaft:

DIE THEORIE X BESAGT:

Die Annahmen der Theorie X sind von einem grundsätzlichen Misstrauen der Führungskraft in die Mitarbeiterleistung geprägt. Der Mensch ist von Natur aus faul. Er besitzt weder Ehrgeiz etwas zu erreichen noch zeigt er sich engagiert. Arbeit ist für ihn ein notwendiges Übel, vor dem er sich zu drücken versucht.

Vor diesem Hintergrund besteht die Führungsaufgabe allein darin, das Personal zu steuern, zu kontrollieren, Druck auszuüben und Mitarbeiter gegebenenfalls zu bestrafen, um das Verhalten im Sinne der Unternehmensziele zu beeinflussen. Ohne diese Maßnahmen sind die Arbeitnehmer passiv oder leisten sogar Widerstand.

DIE THEORIE Y LAUTET:

In der Theorie Y wird postuliert, dass jeder Mensch den Willen hat, sich selbst und seine Fähigkeiten zu verwirklichen. Der Mensch bringt physischen und geistigen Einsatz, besitzt Ehrgeiz sich weiterzuentwickeln und möchte Verantwortung übernehmen.

Führung äußert sich, indem ein auf Vertrauen basierendes Arbeitsumfeld geschaffen wird, das dem Mitarbeiter die Möglichkeit bietet, Leistung zu erbringen und entsprechend seiner Potenziale herausfordernde Aufgaben zu bewältigen.

Die beiden Grundeinstellungen, die McGregor in seiner X-Y-Theorie beschreibt, lassen sich wie folgt zusammenfassen:

Theorie X	Theorie Y
■ Lenkung durch autoritäre Vorgaben	■ Partizipation und Kooperation
■ starke Kontrollen	■ Vereinbarung herausfordernder individueller Ziele; Selbstkontrolle
■ Motivation nur durch finanzielle Anreize	■ Motivationskraft aus Anerkennung und Selbstverwirklichung

McGregors Untersuchungen führten zu dem Ergebnis, dass ein Führungsstil, der auf der Theorie X basiert, nicht geeignet ist, die Leistungsbereitschaft der Mitarbeiter langfristig zu steigern. Trägheit und Unzuverlässigkeit der Arbeitnehmer sind das Ergebnis von Kritik, Schuldzuweisung, Bestrafung und enger Kontrolle.

Das Führungsverhalten sollte sich vielmehr auf die Theorie Y stützen. Einsatzfreude und Leistungsbereitschaft der Arbeitnehmer sind Reaktionen auf ein durch Integration und Selbstkontrolle gekennzeichnetes Führungsverständnis. Sie sind das Ergebnis von Kooperation, Partnerschaftlichkeit, Verantwortung und Anerkennung.

> Das Führungsverhalten besitzt maßgeblichen Einfluss auf das Verhalten des Mitarbeiters und damit auf die Leistung, die er erbringt oder nicht erbringt.

Welche der beiden Grundeinstellung McGregors haben Sie bisher favorisiert? Sie sollten Ihr eigenes Verhalten in spezifischen Führungssituationen reflektieren. Beobachten Sie die Reaktionen Ihrer Mitarbeiter. Die folgende Aufstellung soll Ihnen dabei helfen, die Erkenntnisse McGregors leichter in die Praxis umzusetzen:

Folgerungen für die Praxis

- Überprüfen Sie Ihre eigene Grundeinstellung: Bevorzugen Sie die X- oder Y- theoretischen Annahmen?
- Stützen Sie Ihr Führungsverhalten auf die Theorie Y. Ändern Sie gegebenenfalls Ihre Einstellung.
- Vereinbaren Sie gemeinsam mit Ihren Mitarbeitern Ziele, die aus den Unternehmens- bzw. Bereichszielen abgeleitet sind.

- Verfolgen Sie gemeinsam mit Ihren Mitarbeitern die Zielerreichung. Beziehen Sie Ihre Mitarbeiter in die Kontrolle und Beurteilung der Arbeit mit ein.
- Delegieren Sie nicht nur Aufgaben, sondern auch Verantwortung.
- Entwickeln Sie Ihre Mitarbeiter, indem Sie ihren Handlungsspielraum erhöhen und ihr Aufgabenspektrum erweitern.
- Loben Sie Ihre Mitarbeiter für gute Leistungen.

Die Balance zwischen verschiedenen Erwartungen finden

Das Wort „Rolle" ist ursprünglich aus dem Lateinischen abgeleitet und bedeutet die „Maske". Dieser Begriff stammt aus der Welt des Theaters, als die Schauspieler Masken trugen, um ihre Rolle zu verkörpern. Die Schauspieler konnten ihre Masken ablegen und mit anderen vertauschen, je nachdem, was das Schauspiel vorsah.

Heute wird unter dem Begriff soziale Rolle die Summe der Erwartungen an das soziale Verhalten eines Menschen, der eine bestimmte Position innehat, verstanden. Somit charakterisiert eine Rolle keinen Menschen in seiner Gesamtheit, sondern lediglich als Inhaber einer bestimmten Position.

Jeder Mensch sucht sich im Laufe seiner Entwicklung in Systemen, in denen er lebt, sei es das Unternehmen, die Familie oder der Staat, verschiedene Rollen. Rollen liegen nicht als vorgestanzte Masken bereit, sie werden entwickelt, ausgehandelt, angeboten, zurückgewiesen. Sie sind nicht fertig, objektiv oder generell gültig, sondern immer einmalig, entsprechend der Erscheinungsformen der Persönlichkeit. Wichtig ist, zu erkennen, dass niemand in Rollen gepresst wird, sondern sie selbst wählt.

Welche Rollen er im täglichen Leben spielen will, entscheidet jeder Einzelne. Entsprechend individueller Werthaltungen, Einstellungen und Persönlichkeitseigenschaften werden Rollen gesucht, in denen man Facetten seines natürlichen Verhaltensspektrums ausleben kann und gleichzeitig die Erwartungen der Umwelt befriedigt.

> Unter dem Begriff Rolle versteht man das Erwartungsbündel der Umwelt. Diese Erwartungen sind positionsspezifisch, mehr oder weniger verbindlich und eindeutig.
> Jeder Mensch ist gleichzeitig Inhaber verschiedener Positionen und ist damit Träger mehrerer Rollen.

Jeder Mensch steht im Schnittpunkt mehrerer Systeme. Als Inhaber verschiedener Positionen, z. B. Führungskraft, Familienvater bzw. -mutter, Ehemann bzw. -frau, Vereinsmitglied, Freund u. v. m., versucht er den teilweise unvereinbaren Forderungen und Erwartungen, die an ihn herangetragen werden, gerecht zu werden. Die oft erlebte Diskrepanz führt zu Rollenkonflikten.

> Rollenkonflikte sind Konflikte, die sich aus nicht miteinander zu vereinbarenden Erwartungen für den Positionsinhaber ergeben.

Rollenkonflikte können entstehen, wenn:

- eine Person mehrere Rollen nacheinander oder sogar gleichzeitig ausfüllen muss,
- die Rollenerwartungen nicht klar definiert sind,
- mit einer Rolle verschiedene unvereinbare Erwartungen verknüpft sind oder über sie kein Konsens besteht,
- eine Person von einer Position in eine andere übergeht, ohne dass das neue Rollenverhalten vorher gelernt wurde oder
- die Persönlichkeitsmerkmale einer Person (Motive, Gewohnheiten, Einstellungen, Selbstkonzept) unvereinbar mit dem erwarteten Rollenverhalten sind.

Marc D. hat sehr viel Zeit und Engagement in seine berufliche Laufbahn inves-tiert. Seit einem halben Jahr ist er in die mittlere Managementebene aufgestiegen und führt ein Team von 15 Mitarbeitern. Um sich in dieser Position selbst zu verwirklichen und Anerkennung zu ernten, ist noch mehr Ehrgeiz und Initiative gefordert als bisher. Vor 21.00 Uhr ist er meist nicht zu Hause. Auch am Wochenende fährt er stundenweise ins Büro.

Gleichzeitig ist er gerade Vater geworden und möchte die Nähe zum Kind nicht verlieren. Er möchte die Vaterrolle ebenso gut ausfüllen wie seine berufliche Rol-le. Marc D. befindet sich in einem Rollenkonflikt, aus dem er keinen Ausweg sieht. Er fühlt sich der derzeitigen Situation hilflos ausgeliefert.

Treten diese Konflikte über einen längeren Zeitraum auf und scheinen noch dazu unlösbar zu sein, stellt sich ein Gefühl der Hilflosigkeit und Ohnmacht ein.

Folgerungen für die Praxis

- Klären Sie den Verbindlichkeitsgrad der Erwartungen an Ihre jeweilige Position! Sind die Forderungen als Muss-Erwartungen zu betrachten oder gelten sie lediglich als Kann-Erwartungen?
- Balancieren Sie die unterschiedlichen Forderungen aus! Finden Sie eine akzeptierte Lösung, die Ihnen Stabilität und Sicherheit bringt.
- Interpretieren Sie Ihre Rollen innerhalb der tolerierten Gren-zen in einer Art und Weise, die Ihren eigenen Motivationen und Fähigkeiten entgegenkommt.
- Setzen Sie klare Prioritäten! Bestimmen Sie den Lebensbe-reich (Familie, Beruf, Freunde), der für Sie zum gegenwärtigen Zeitpunkt die höchste subjektive Bedeu-tung besitzt.

- Definieren Sie klare Ziele, die Sie sich in der jeweiligen Position setzen und verfolgen Sie diese konsequent! Dadurch erlangt Ihr Handeln den Aspekt der Selbststeuerung und scheint nicht weiter fremdbestimmt.
- Ziehen Sie sich aus der Position zurück, mit der ein Rollenverhalten verbunden ist, das Ihren eigenen Persönlichkeitsmerkmalen oder Fähigkeiten nicht entspricht.

Erwartungen an die Führungsrolle

Moderator, Kommunikator, Coach, Supporter, Förderer, Motivator, Visionär, Supervisor, Controller, Facilitator, Informator – diese verschiedenen Begriffe lassen den Facettenreichtum einer Führungsrolle erkennen. Gleichzeitig benennen diese Begriffe Erwartungen, die an die Führungsposition gestellt werden.

Erwartungen werden von mehreren Seiten an die Führungskraft herangetragen – informell oder formell. Sie sollten folgende Fragen klären:

- Welche Erwartungen haben meine Mitarbeiter?
- Welche Erwartungen hat mein Vorgesetzter?
- Welche Erwartungen haben meine Kollegen?
- Welche Erwartungen haben meine internen/externen Kunden?

Erst wenn ein klares Bild über die vielfältigen Anforderungen an die Führungsposition existiert, ist es Ihnen möglich, Ihre zentralen Aufgaben zu definieren und abzugrenzen sowie Ihr bisheriges Verhalten selbstkritisch zu reflektieren.

An dieser Stelle sei angemerkt, dass es keinen Katalog zentraler Anforderungen und Erwartungen an eine Führungskraft gibt. In der Literatur werden sicherlich tendenzielle Forderungen aufgeführt, dennoch liegt die Verantwortung einer Feindefinition bei jedem selbst. Um die konkreten Anforderungen zu definieren, bietet sich als Feedback-Methode das 360°-Feedback an, das nachfolgend skizziert wird:

Exkurs: 360°-Feedback

Das 360°-Feedback bietet die Möglichkeit eines strukturierten und ausführlichen Selbstbild-Fremdbild-Abgleiches. Bei dieser Methode werden Führungskräfte schriftlich von Mitarbeitern, Vorgesetzten, Kollegen sowie Kunden beurteilt.

- Mit der Methode des 360°-Feedbacks verbinden sich folgende Vorteile:
- Als Leistungsbeurteilung „von allen Seiten" für Führungskräfte gewährleistet die Methode ein Höchstmaß an Objektivität und Praxisrelevanz, da die Einschätzung aus der Arbeitssituation heraus erfolgt.
- Führungskräfte sind über die Selbsteinschätzung mit in den Beurteilungsprozess integriert und setzen sich in diesem Rahmen aktiv mit ihrem eigenen Verhalten auseinander.
- Über die Rückmeldung der Beurteilung durch die unterschiedlichen Feedback-Geber wird dem subjektiven Selbstbild ein ganzheitliches Fremdbild gegenübergestellt, das die Wahrnehmung durch wichtige Interaktionspartner im Unternehmen realitätsgerecht widerspiegelt.
- Das 360°-Feedback liefert realistische Informationen über vorhandene Potenziale und Entwicklungsmöglichkeiten.
- Vor dem Hintergrund bewusster, strukturierter Reflexion über das Verhalten der Führungskraft werden hemmende und förderliche Faktoren der Zusammenarbeit erfassbar.

Auch wenn es keinen „Erwartungskatalog" gibt, geben neben dem 360°-Feedback die Ergebnisse von Mitarbeiterbefragungen einen umfassenden Überblick darüber, welche Erwartungen der Mitarbeiter an das Führungsverhalten hat. Die häufigsten Nennungen sind, in Anlehnung an Ergebnisse der Gallup-Studien, nachfolgend aufgeführt (Die Gallup GmbH ist eines der größten und ältesten Meinungsforschungsinstitute mit den Schwerpunkten Zufriedenheit am Arbeitsplatz und Mitarbeiterengagement – www.gallup.de).

- Mein Chef soll mich nicht andauernd stören und mir dadurch die Möglichkeit nehmen, meine Arbeit zu erledigen.
- Ich will ein klares Ziel und eindeutige Leistungsvorgaben.
- Ich erwarte gründlich vorbereitete Entscheidungen, damit sie nicht fortlaufend umgeworfen werden.
- Er soll nicht glauben, dass ich ihn bereits verstanden habe, wenn er etwas sagt.
- Bei Gesprächen soll er nicht andauernd Wesentliches und Unwesentliches vermischen.
- Er soll in der Firma einen intensiven Erfahrungsaustausch organisieren, sodass aus der Praxis wirklich gelernt werden kann.
- Er soll nur das an Veränderungen einführen, was unbedingt erforderlich ist.
- Ich möchte erfahren, was meinem Chef an meiner Arbeit nicht gefällt und was ich zur Veränderung tun soll.
- Ich möchte besser informiert sein.
- Ich möchte Aufträge besser verteilt bekommen.

Die Erwartungen von allen Seiten machen sichtbar, dass jede Führungskraft notwendig in Widersprüchen leben muss, aus denen es keinen eindeutigen und gesicherten Ausweg gibt. Sie kann nicht allen Erwartungen hundertprozentig gerecht werden – sie lebt damit in einem nicht lösbaren Dilemma.

■ Die Führungskraft im Dilemma

Führungskräfte sind ständig widersprüchlichen Erwartungen ausgesetzt. Sie sollen einerseits verständnisvoll sein und Zeit für ihre Mitarbeiter haben, zugleich knallharte Ziele erreichen und schnell auf sich verändernde Marktsituationen reagieren.

Sie sollen Coachs ihrer Mitarbeiter sein, sie aber auch kontrollieren und für optimale Resultate sorgen. Sie sollen in ihrem Handeln berechenbar sein und mittels reibungsloser Abläufe Sicherheit vermitteln sowie als Unternehmer im Unternehmen Risiken eingehen und Neues wagen.

Werte wie Vertrauen, Fairness, Respekt und Ehrlichkeit stehen den Forderungen nach Profitabilität, Umsatz, Kostenreduzierung oder strikter Ausrichtung am Nutzen von Kunden und Aktionären gegenüber.

Führungskräfte stecken in einem Dilemma. Egal, welchem Wert sie Priorität einräumen, vernachlässigen sie einen anderen – und können damit scheitern. Beispielhaft sind in der Abbildung sechs typische Dilemmata der Führungsrolle aufgeführt.

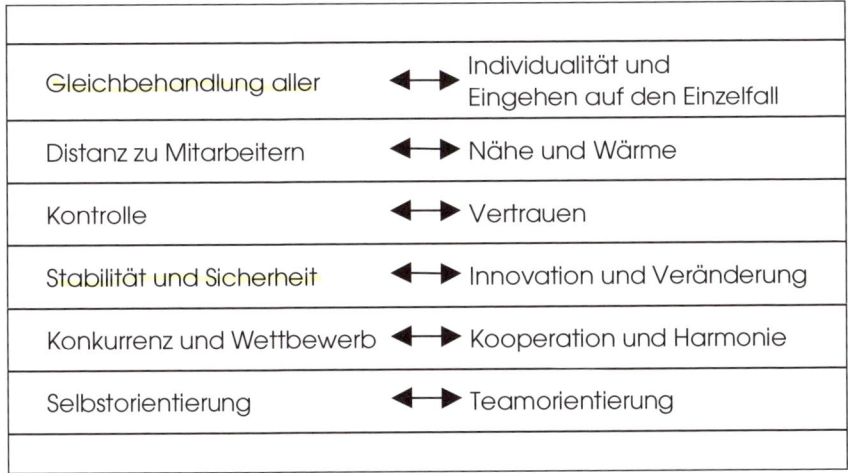

Abbildung: Rollendilemmata einer Führungskraft

Wichtig ist diese Widersprüche zu erkennen und sie akzeptieren zu lernen. Es gibt keinen eindeutigen und sicheren Ausweg. Führungskräfte müssen lernen, den resultierenden Druck auszuhalten und von der Entweder-oder-Einstellung – z. B. entweder den Mitarbeitern viel Freiraum geben oder die Arbeitsergebnisse streng kontrollieren – Abschied zu nehmen.

Gefordert wird eine hohe **Ambiguitätstoleranz**. Damit ist die Fähigkeit gemeint, Widersprüche auszuhalten, sie auszubalancieren und situativ zu entscheiden und zu handeln. Viele der in der Abbildung aufgeführten Forderungen schließen sich nicht zwangsläufig aus.

Ein ehrlicher Umgang mit den Mitarbeitern zum Beispiel ist wichtig, um Vertrauen aufzubauen. Dennoch treten im Führungsalltag immer wieder Situationen auf, die eine gewisse Taktik und Diplomatie im Umgang mit Informationen erfordern.

> Die Anforderungen an eine Führungskraft sind vergleichbar mit dem Balanceakt eines Jongleurs: alle Bälle in der Luft zu halten.

Der Umgang mit ambivalenten Erwartungen erfordert innere Unabhängigkeit und Mut zu Trial und Error. Das bedeutet nicht nur Neues auszuprobieren, sondern auch einmal unpopuläre Entscheidungen zu treffen.

Das Führungsdilemma fordert oft Kompromisse zwischen Alternativen, die jeweils beide unverzichtbar sind. Wichtig ist den Mitarbeitern Entscheidungswege transparent darzulegen und zu begründen sowie für getroffene Entscheidungen die volle Verantwortung zu übernehmen.

Welcher Führungsstil führt zum Erfolg?

Im Abschnitt „Was heißt eigentlich Führen" wurde Ihnen die X-Y-Theorie von Douglas McGregor vorgestellt. Seine Grundannahmen über effizientes Führungsverhalten sollen im weiteren Verlauf dieses Kapitels differenzierter betrachtet und vertieft werden.

Im Rahmen unserer Tätigkeit für Kienbaum stellen wir immer wieder fest, dass Führungsverhalten von Unternehmen zu Unternehmen und auch innerhalb einer Organisation sehr stark variiert.

So beobachten wir Führungskräfte, die ein hochgradig direktives Verhalten an den Tag legen. Sie geben Ziele vor, strukturieren die Aktivitäten, fällen Entscheidungen und kontrollieren die Leistung ihrer Mitarbeiter. Andere wiederum konzentrieren sich darauf, persönliche Beziehungen zu den Mitarbeitern aufzubauen, ein starkes Wir-Gefühl zu vermitteln und eine harmonische Arbeitsatmosphäre zu schaffen. Aber welches Führungsverhalten führt zum nachhaltigen Erfolg?

> Es gibt nicht den Führungsstil. Die Effizienz des gezeigten Führungsstils ist von der jeweiligen Situation abhängig. Dazu gehören Faktoren wie die konkrete Zielsetzung, die Organisationsstruktur, Umweltbedingungen und die Reife des Mitarbeiters.

Der folgende Abschnitt gibt Ihnen zunächst einen Überblick über die Anfänge der Führungsstilforschung und über traditionelle Führungsstilkonzepte. Anschließend wird Ihnen das Konzept der situativen Führung vorgestellt.

Anfänge der Führungsstilforschung

HAWTHORNE-EFFEKT
EXPERIMENT
ERGEBNISSE

1927 begannen in den Hawthorne-Werken der Western Electric Company in Chicago arbeitswissenschaftliche Untersuchungen, bei denen erstmalig beobachtet und systematisch untersucht wurde, welche Relevanz verschiedene Umweltbedingungen wie Beleuchtung, Arbeitszeit und Arbeitspausen auf die Motivation und Leistung der Mitarbeiter sowie auf das Betriebsklima haben. Arbeitsabläufe und Verhalten wurden protokolliert und mit den Mitarbeitern wurden Gespräche durchgeführt.

Die Ergebnisse der Untersuchungen waren irritierend. Unabhängig von den Veränderungen der Umweltbedingungen verbesserten sich wöchentlich die Arbeitsleistungen. Die unerwarteten Ergebnisse wurden schließlich mit sozialen und gruppendynamischen Faktoren erklärt: Im Verlauf der Untersuchungen entstanden eine Vielzahl von informalen Beziehungen zwischen den Mitarbeitern sowie zwischen diesen und ihren Vorgesetzten und den Untersuchungsleitern.

Mit dieser Studie war die Aufmerksamkeit auf sozialpsychologische Aspekte, d. h. die Bedeutung informaler sozialer Beziehungen hinsichtlich

Motivation, Zufriedenheit und Arbeitsleistung, gelenkt. Die so genannte Human-Relations-Bewegung setzte ein, deren Verdienst es ist, dass soziale und gruppendynamische Phänomene im Unternehmen berücksichtigt werden. Sie löste unter anderem wichtige Impulse zur Erforschung und Verbesserung der Mitarbeiterführung aus.

■ Traditionelle Führungsstile

Betrachtet man die Entwicklungen in der Führungsstilforschung, so wurden ursprünglich drei Führungsstile unterschieden, die auch noch heute im Rahmen von Führungsseminaren erwähnt werden: autoritär, kooperativ bzw. demokratisch, laissez-faire.

Mit dem **autoritären Führungsstil** wird ein Führungsverhalten bezeichnet, das die Meinung der Mitarbeiter bei Entscheidungen weitgehend unberücksichtigt lässt. Die Führungskraft hält alle Fäden in der Hand. Sie setzt Ziele, plant, entscheidet und kontrolliert. Jeder Mitarbeiter erhält nur die Informationen, die für den zugeteilten Arbeitsbereich unbedingt nötig sind. Die sachliche Leistung steht im Vordergrund, persönliche Dinge haben am Arbeitsplatz nichts zu suchen. Bestehende Konflikte werden ignoriert oder per Entscheidung der Führungskraft gelöst.

Der Begriff **kooperativ** bzw. demokratisch beschreibt ein Führungsverhalten, bei dem Führungskräfte ihre Mitarbeiter in Fragen der Zielsetzung, Planung und Entscheidung mit einbeziehen. Mitarbeiter und Arbeitsgruppen nehmen weitgehend an Führungsaufgaben teil.

Fehler werden mit den Betroffenen besprochen, gute Leistungen werden anerkannt. Bestehende Konflikte werden unter Beteiligung der Gruppe bzw. der Betroffenen gelöst. Kooperation wird als eine wesentliche Voraussetzung angesehen, Mitarbeiter dazu anzuregen, sich aus eigenem Antrieb selbstverantwortlich und motiviert für ihre Arbeit einzusetzen.

Der Führungsstil Laissez-faire beschreibt idealtypisch ein Führungsverhalten, das die Mitarbeiter weitgehend sich selbst überlässt. Die

Führungskraft kümmert sich weder um die Mitarbeiter noch um deren Leistungsoutput – sie verweigert die Führungsaufgabe. Mitarbeiter reagieren teils frustriert, teils desorientiert auf das Führungsvakuum. Für Unternehmen, deren Ziel es ist Gewinn zu erarbeiten, ist eine Laissez-faire-Haltung der Führungskräfte höchst problematisch.

In klassischen Experimenten untersuchte man den Einfluss der drei Führungsstile auf Verhalten und Leistung der Gruppenmitglieder sowie auf das Gruppenklima. Die Ergebnisse zeigten, dass die Mehrzahl mit dem demokratischen Stil zufriedener und die Einstellungen insgesamt positiver waren.

- Der autoritäre Stil führte zu unterwürfigem, reizbarem oder aggressivem Verhalten der Mitarbeiter. Es wurde eine große Unzufriedenheit beobachtet. Die Arbeitsergebnisse waren von hoher Quantität, aber geringer Qualität.
- Der kooperative Stil führte zu einer hohen Zufriedenheit, die Mitarbeiter waren wenig gereizt oder aggressiv. Die Produkte waren von mittlerer Quantität, aber hoher Qualität.
- Der Laissez-faire-Stil führte zu einer hohen Reizbarkeit und Aggressivität sowie beträchtlicher Unzufriedenheit. Hier war die Leistung quantitativ am schlechtesten. Die Produkte waren von mittlerer Qualität.

Nachfolgende Untersuchungen brachten einige Einschränkungen der Überlegenheit demokratisch geführter Gruppen. Effizienz ist nur dann gegeben, wenn die Mitarbeiter einen kooperativen und partnerschaftlichen Führungsstil erwarten, wenn sie die getroffenen Entscheidungen für wichtig halten und diese in direkter Beziehung zu ihrer Arbeitsleistung stehen.

Die folgende Aufstellung fasst die wichtigsten Führungsmittel des kooperativen Führungsstils für Sie zusammen:

Führungsmittel im kooperativen Führungsstil

- Klare Ziele setzen bzw. vereinbaren.
- Mitbeteiligung der Mitarbeiter bei Entscheidungen (Partizipation).
- Tätigkeiten der Mitarbeiter koordinieren.
- Kontrolle der Zielerreichung.
- Delegation von Aufgaben, Kompetenzen, Verantwortung.
- Mitarbeiter selbstständig arbeiten lassen.
- Bedürfnisse der Mitarbeiter berücksichtigen.
- Bei Konfliktlösung helfen.
- Mitarbeiter fördern, objektiv beurteilen, gerecht behandeln.
- Lob und konstruktive Kritik einsetzen.

Heute wird den geschilderten Experimenten vor allem historische Bedeutung, aber kaum noch Erkenntniswert beigemessen. Der Hauptmangel dieser Untersuchungen besteht darin, dass die jeweilige Situation ausgeklammert wurde.

Reales Führungsverhalten ergibt sich aus der Interaktion einer Vielzahl situativer wie personenbezogener Bedingungen.
D. h. den situationsübergreifend besten Führungsstil kann es nicht geben!

Das Konzept der situativen Führung

Die Forschung zeigte schnell, dass es keine generell geltenden Führungsstile oder -verhaltensweisen gibt, sondern dass der Führungserfolg von einer Reihe von situationsbedingten Einflussfaktoren abhängig ist.

OHIO-STUDIEN

EXPERIMENT

ERGEBNISSE

An der Ohio State University versuchte man das Führungsverhalten zu erfassen und greifbar zu machen. Mithilfe standardisierter Fragebögen wurden „die Geführten" gebeten, das Verhalten ihrer unmittelbaren Vorgesetzten anonym zu beschreiben. Als die Daten der Ohio-Studien ausgewertet wurden, kristallisierten sich immer folgende zwei Faktoren des Führungsverhaltens heraus:

- Consideration = Mitarbeiterorientierung
- Initiating Structure = Aufgabenorientierung

Mitarbeiterorientierung bedeutet, dass die Führungskraft die Mitarbeiter im Arbeitsprozess stark unterstützt, motiviert und als Berater und Coach fungiert. Sie interessiert sich für deren Bedürfnisse, private und berufliche Ziele und Pläne.

Aufgabenorientierung erstreckt sich auf hohe Sachorientierung, die Organisation ist aufgabenbezogen, Mitarbeiter werden kontrolliert und zu höherer Leistung angehalten.

Testen Sie selbst: Ist Ihr Führungsverhalten durch eine hohe Aufgaben- oder Mitarbeiterorientierung gekennzeichnet? Nachfolgende Tabelle zeigt in pointierter Weise beide Verhaltensfacetten auf.

Mitarbeiterorientierung (Consideration)	Aufgabenorientierung (Initiating Structure)
■ Ich behandle meine Mitarbeiter als Partner. ■ Ich unterstütze meine Mitarbeiter in dem, was sie tun. ■ Ich interessiere mich für die persönlichen Belange, Interessen und Bedürfnisse meiner Mitarbeiter.	■ Ich achte darauf, dass meine Mitarbeiter ihre Arbeitskraft voll einsetzen. ■ Ich gebe klare Anweisungen und kontrolliere die Ergebnisse. ■ Mein Interesse gilt der Zielerreichung und weniger der Mitarbeiterentwicklung.
■ Ich kommuniziere häufig, frei und unbefangen mit meinen Mitarbeitern. ■ Ich bemühe mich um eine harmonische Atmosphäre in meinem Team	■ Nur unter Druck und Tadel bringen die Mitarbeiter Leistung. ■ Ich rege leistungsschwache und langsame Mitarbeiter an, sich noch mehr anzustrengen.

In den Ergebnissen der Ohio-Studien werden Aufgaben- und Mitarbeiterorientierung nicht als zwei Pole einer Führungsdimension, sondern als zwei unabhängige Faktoren des Führungsverhaltens, gesehen. Empirische Studien zeigen, dass eine starke Aufgabenorientierung mit einer hohen Abstinenz- und Kündigungsrate und mit Arbeitsunzufriedenheit einhergeht.

Eine hohe Mitarbeiterorientierung hingegen führt zu Arbeitszufriedenheit und einem stärkeren Gruppenzusammenhalt. Dennoch sind die effektivsten Führungskräfte meist diejenigen, die beide Dimensionen in ihrem Verhaltensspektrum verankert haben.

An den Ergebnissen der Ohio-Studien wird die Übersimplifizierung kritisiert. Die berücksichtigten Dimensionen sind stark zusammengefasst, sehr global und breit angelegt. Sie stellen unzulässige Verkürzungen des Führungsverhaltens dar. Andere wichtige Einflussfaktoren, wie Gruppendynamik, Arbeitssituation etc., werden in diesem Ansatz nicht berücksichtigt.

DER REIFEGRADANSATZ VON HERSEY & BLANCHARD
KERNAUSSAGEN
FOLGERUNGEN FÜR DIE PRAXIS

Das Konzept der situativen Führung von Hersey & Blanchard wird hier, obwohl es theoretisch wenig fundiert ist, vorgestellt, weil es in der Praxis sehr populär ist. Es basiert auf den beiden Hauptfaktoren der Ohio-Studien: Mitarbeiterorientierung und Aufgabenorientierung.

Hersey & Blanchard unterscheiden vier Führungsstile, die jeweils situativ angepasst werden müssen. Dabei postulieren die Verfasser einen einzigen relevanten Situationsfaktor: den Reifegrad des Mitarbeiters. Dieser Faktor wird als zentrales Kriterium für die Wahl des effektiven Führungsstils genannt.

Der Reifegrad des Mitarbeiters definiert sich durch dessen Kompetenz und Engagement. Der Grad der Kompetenz wird dabei durch die Fähigkeiten und Fertigkeiten des Mitarbeiters bestimmt, die auf seiner Ausbildung, Erfahrung und Routine basieren.

Der Begriff des Engagements beinhaltet den Aspekt des Selbstvertrauens sowie des Leistungswillens bzw. der Motivation. Das Selbstvertrauen des Mitarbeiters hängt von seiner psychologischen Reife und seinem Selbstwertgefühl ab, während sich sein Leistungswille an seinem Interesse und seiner Begeisterung für die Aufgabe offenbart.

DER REIFEGRAD KENNZEICHNET:

- die Fähigkeit, sich hohe, jedoch erreichbare Ziele zu setzen (Erfolgsmotivation)

- die Bereitschaft und Fähigkeit, Verantwortung zu übernehmen

- die Ausbildung bzw. die Erfahrung eines Einzelnen

Diese Kriterien beziehen sich ausschließlich auf bestimmte auszuführende Arbeiten. Das heißt: Der Mitarbeiter ist an sich nicht reif oder unreif. Menschen zeigen vielmehr verschiedene Reifegrade, je nachdem, wie Ziel, Funktion oder Aufgabe aussehen.

In der Abbildung werden zwei Achsen unterschieden: aufgabenbezogenes und mitarbeiterbezogenes Verhalten.

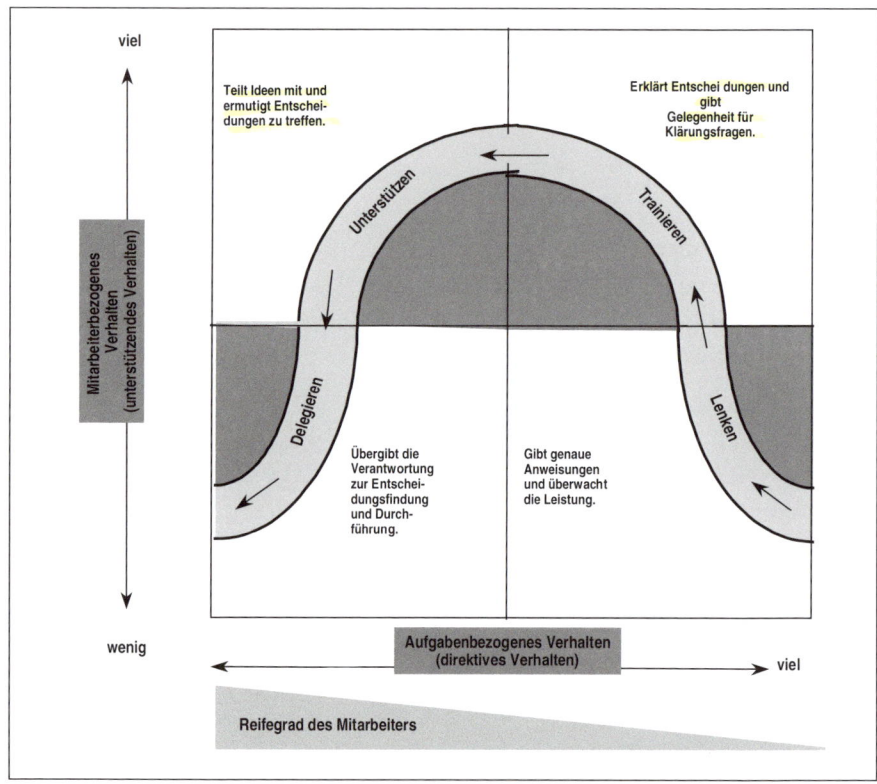

Abbildung: Situative Führung nach Hersey & Blanchard

Eine hohe Aufgabenbezogenheit zeigt sich dann, wenn die Führungskraft vorgibt, wann, wozu, was und wie der Mitarbeiter etwas zu tun hat. Stark mitarbeiterbezogenes Verhalten ist geprägt durch Unterstützung und Hilfeleistung. Vorschläge des Mitarbeiters werden beachtet, Selbstvertrauen und Motivation werden aufgebaut.

Aus der Verbindung von Aufgaben- und Mitarbeiterbezogenheit ergeben sich insgesamt die vier Führungsstile: Lenken, Trainieren, Unterstützen und Delegieren. In Abhängigkeit vom Reifegrad des Mitarbeiters wendet die Führungskraft einen dieser Führungsstile an.

Das Reifegradmodell von Hersey & Blanchard klassifiziert situations-spezifisch den Führungsstil, weist aber auch auf die kontinuierliche Entwicklung und Qualifizierung der Mitarbeiter hin. Beginnend mit einem niedrigen Reifegrad des Mitarbeiters, z. B. als Auszubildender oder Absolvent, informiert und lenkt die Führungskraft zunächst. Mit adäquaten Führungsmitteln, z. B. Rückmeldung über Performance und Leistung, führt sie den Mitarbeiter auf einen höheren Entwicklungs-stand.

Mit wachsender Selbstständigkeit des Mitarbeiters kann die Führungs-kraft zunächst ihr aufgabenbezogenes und schließlich auch ihr mitarbeiterbezogenes Verhalten bzw. Engagement reduzieren. Schließ-lich delegiert die Führungskraft nur noch die Aufgabe oder das Ziel sowie die damit verbundene Verantwortung.

Folgerungen für die Praxis

- Stellen Sie Ihren Mitarbeitern das Modell von Hersey & Blanchard in einem Gespräch vor.
- Lassen Sie den Mitarbeiter seinen derzeitigen Entwicklungs-stand (Reifegrad), bezogen auf einen bestimmten Aufgabenbereich und eine klare Zielsetzung, einschätzen.
- Gleichen Sie diese Einschätzungen mit Ihren Beobachtun-gen ab. Wo gibt es Unterschiede? Sprechen Sie über die unterschiedliche Wahrnehmung vor dem Hintergrund möglicher Konfliktpotenziale.
- Vereinbaren Sie, je nach auf Reifegrad und Zielsetzung, das adäquate Führungsverhalten. Welche Erwartungen hat der Mitarbeiter an Ihren Führungsstil?
- Der Entwicklungszustand des Mitarbeiters muss auf eine bestimmte Aufgabe/Ziel stets von neuem abgeschätzt werden.

Werden Kompetenz und Selbstvertrauen des Mitarbeiters schrittweise gesteigert, so muss die Führungskraft weniger Zeit aufwenden und kann zu den Führungsstilen Unterstützen bzw. Delegieren wechseln.

Grundsätzlich ist es Ziel, den Führungsstil im Laufe der Zeit, abhängig davon, wie die Leistung des jeweiligen Mitarbeiters beurteilt wird, vom Lenken zum Delegieren zu entwickeln. Macht der Mitarbeiter keine Fortschritte, muss die Führungskraft noch einmal in der Wahl des Führungsstils einen Schritt zurück machen, bis der Mitarbeiter besser vorankommt.

Die Hauptkritik an dem Modell von Hersey & Blanchard besteht darin, dass es den „one best way" in Abhängigkeit vom Reifegrad postuliert und damit die Vielfalt an situativen Rahmenbedingungen unberücksichtigt lässt.

Persönlichkeitsmerkmale der Führungskraft, z. B. die Facetten der sozialen Kompetenz, sowie Rahmenbedingungen wie Unternehmenskultur, Marktsituation oder Gruppendynamik bleiben ausgeblendet. In Notsituationen kann man zum Beispiel nicht langwierige kooperative Entscheidungsprozesse abwarten oder sogar die Verantwortung delegieren. Da ist schnelles, entschlossenes und direktives Handeln gefordert.

Verhaltensflexibilität

Die situative Anpassung des Führungsverhaltens an den Reifegrad des Mitarbeiters erfordert eine hohe Verhaltensbandbreite und -flexibilität der Führungskraft.

> Erfolgreiche Führungskräfte passen ihr Führungsverhalten so an, dass es den Anforderungen an eine bestimmte Situation gerecht wird.

In diesem Zusammenhang wird oft von sozialer Kompetenz gesprochen. Es ist die Fähigkeit, die Kommunikation in jeder Situation zielgerichtet zu gestalten. Einerseits sollte die Führungskraft Einfühlungsvermögen besitzen, um sich auf wechselnde Gesprächspartner und deren Bedürfnisse einzustellen. Andererseits sollte sie auch genug Überzeugungs- und Durchsetzungskraft haben, um Begeisterung für eigene Ideen bei anderen zu wecken und letztendlich auch Entscheidungen zu treffen.

Die Fähigkeit einer Führungskraft, ihr Verhalten situativ auszurichten bzw. anzupassen, spiegelt sich hauptsächlich in der Balance zwischen folgenden vier Verhaltensdimensionen wider: Durchsetzungs- und Überzeugungskraft sowie Kooperations- und Einfühlungsvermögen.

Zur visuellen Verdeutlichung kann man diese harten und weichen Faktoren auf einem Kontinuum abbilden.

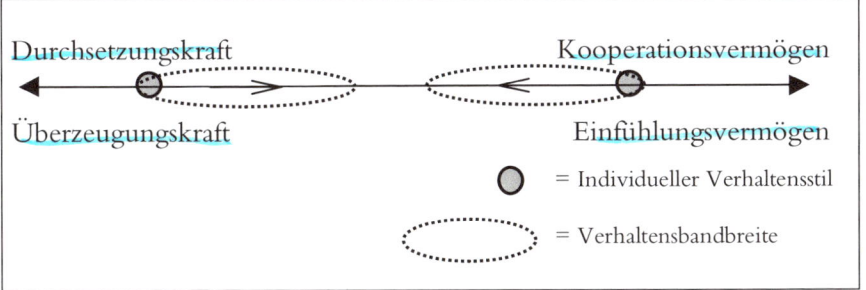

Abbildung: Vier Verhaltensdimensionen

Kennzeichnen Sie für sich selbst, welche dieser Verhaltenstendenzen bei Ihnen derzeit stärker ausgeprägt sind. Reflektieren Sie, inwieweit Sie in der Lage sind, Ihren Verhaltensstil situativ anzupassen, d.h. sich nach links oder rechts auf dem Kontinuum zu bewegen.

Nachfolgend sind die vier zentralen Verhaltensdimensionen erläutert, wobei jeweils von einer hohen Ausprägung ausgegangen wird. Am Ende einer jeden Dimensionsbeschreibung geben wir Empfehlungen, wie Sie gezielt an Bereichen, die optimiert werden sollten, arbeiten können. Hierbei haben wir uns auf Maßnahmen konzentriert, die Sie eigeninitiativ, schnell und pragmatisch im eigenen Arbeitsumfeld angehen und umsetzen können.

ÜBERZEUGUNGSKRAFT
Personen mit einer hohen Überzeugungskraft verfügen über durchdachte Strategien, andere von ihren Vorstellungen zu überzeugen.

Hierzu gehören eine klare und verständliche Argumentation sowie die Fähigkeit prägnante Botschaften zu formulieren und die eigene Begeisterung für eine Sache im Gespräch zu transportieren.

Die Meinung der anderen wird wahrgenommen und in die eigene Argumentation eingebunden, wobei das eigene Ziel nicht aus den Augen verloren wird.

Persönliche Entwicklungsempfehlungen:
Formulieren und verfolgen Sie die eigenen Ziele in Diskussionen. Kontrollieren Sie die Ergebnisse und analysieren Sie Ihren Argumentationsstil. Trainieren Sie rhetorische Techniken, um Ihre sprachliche Überzeugungskraft zu fördern.

DURCHSETZUNGSKRAFT

Personen mit einer hohen Durchsetzungskraft bekunden ihre Meinung sehr selbstsicher und nachdrücklich und halten an dieser auch bei Widerständen fest. Sie bringen den Arbeits- und Entscheidungsprozess eines Teams zielstrebig voran und bestimmen daher wesentlich dessen Ergebnis. Differenzen benennen sie offen und riskieren gegebenenfalls auch einen Konflikt. Kompromisse werden nur dann eingegangen, wenn sie vor dem Hintergrund eigener Interessen zielführend sind.

Persönliche Entwicklungsempfehlungen:
Reflektieren Sie Ihre Wirkung in Gruppenprozessen. Vermeiden Sie ein allzu ausgeprägtes Harmoniestreben und bauen Sie Ängste vor Konflikten ab. Setzen Sie sich klare Ziele und vertreten Sie diese selbstsicher, indem Sie die Offensivität im persönlichen Ausdruck verstärken.

KOOPERATIONSVERMÖGEN

Personen, die durch ein hohes Maß an Kooperationsbereitschaft gekennzeichnet sind, bringen deutlich ihre Wertschätzung gegenüber anderen zum Ausdruck. So können sie in der Regel schnell eine Vertrauensbasis herstellen, die für eine konfliktfreie Stimmung und ein gutes Arbeitsklima förderlich ist. Sie hören aufmerksam zu und argumentieren stets sachbezogen. Sie beweisen Toleranz bei Meinungsverschiedenheiten und sind bereit, Kompromisse einzugehen.

Persönliche Entwicklungsempfehlungen:
Holen Sie von Kollegen, Mitarbeitern und Vorgesetzten regelmäßiges Feedback über Ihren Umgang mit verschiedenartigen Interessenlagen ein. Reflektieren Sie Ihr eigenes Verhalten in Gruppensituationen bzgl. des konstruktiven Umgangs mit Einwänden. Gehen Sie verstärkt und direkter auf andere zu und initiieren Sie gezielter Kontakte.

EINFÜHLUNGSVERMÖGEN
Personen mit einem hohen Maß an empathischem Verhalten haben die Fähigkeit, schnell die Perspektive des anderen einzunehmen, dessen Stimmungslage zu erkennen sowie sich auf ihn einzustellen. Sie arbeiten zudem häufig mit dem Instrument Fragen, um den Gesprächspartner zu öffnen und dessen gedanklichen Hintergrund zu erfassen. Darüber hinaus zeigen sie ein authentisches Interesse an Bedürfnissen, Wünschen und Meinungen anderer.

Persönliche Entwicklungsempfehlungen:
Fordern Sie regelmäßig Rückmeldungen über das eigene Wirken im Interaktionskontext mit anderen ein. Versetzen Sie sich bewusst in die Lage der anderen. Nutzen Sie dazu unterschiedliche Fragetechniken.

Der betriebliche Alltag bietet ausreichend Situationen, in denen sich Führungskräfte ausprobieren können. Wichtig dabei ist, die Wirkung des eigenen Verhaltens zu reflektieren und aktiv Rückmeldungen von außen einzuholen. Einstellungen wie so bin ich eben oder das habe ich schon immer so gemacht gehören nicht zu den Erfolgsrezepten von Führungskräften.

Frauen in Führungspositionen

Dieses Thema beschäftigt sich ausschließlich mit der Führungseffektivität weiblicher Führungskräfte. Dennoch sind wir überzeugt, mit den folgenden Aussagen auch das Interesse unserer männlichen Leser zu wecken.

Es gibt bisher keine „weiblichen Führungstheorien", die wir in diesem Rahmen vorstellen können, oder Theorien, die geschlechtsspezifische

Unterschiede berücksichtigen, da Führung bislang immer ein Thema von, für und über Männer war.

Dennoch rückt die Frage: Führen Frauen anders als Männer? mehr und mehr in den Mittelpunkt des Interesses der heutigen Führungspsychologie, da in der Unternehmenspraxis zunehmend festzustellen ist, dass immer mehr Frauen erfolgreich in Führungspositionen agieren oder solche anstreben.

Befragt man Mitarbeiter in Unternehmen über ihre weiblichen Führungskräfte, ist häufig eine hohe Zufriedenheit zu beobachten. Der Grund: Weiblichen Führungskräften wird oft ein höheres Maß an sozialer Kompetenz zugeschrieben. Auf der Basis unserer Erfahrungen in Coachingprozessen treten bei weiblichen Führungskräften in unteren und mittleren Führungsebenen folgende Verhaltenstendenzen vermehrt auf. Dabei konzentrieren wir uns in der Darstellung auf acht zentrale Verhaltensfacetten:

- Signalisieren Interesse für ihre Mitarbeiter und deren Belange.
- Schätzen den Austausch mit ihren Mitarbeitern.
- Können sich in die Situation ihrer Mitarbeiter besser einfühlen.
- Erzeugen eine Atmosphäre der Gemeinsamkeit und des Wir-Gefühls in der Abteilung.
- Zeigen sich kompromissbereit und stellen sich hinter gemeinsam getroffene Entscheidungen.
- Signalisieren Wertschätzung und Anerkennung, loben mehr.
- Hören aufmerksam zu und haben ein offenes Ohr in Problemsituationen.
- Besitzen eine sensible Antenne für nonverbale Signale, z. B. bei Stimmungsschwankungen oder aufkommenden Konflikten.

In durchgeführten Analysen deuten die Befunde, global gesehen, auf geringe Unterschiede hinsichtlich Führungseffektivität und Führungsverhalten zwischen Männern und Frauen hin. Der Unterschied konzentriert sich auf die jeweilige Betrachtung der Führungsrolle und die damit zusammenhängenden Erfordernisse und Erwartungen, die an die Führungsfunktion in der spezifischen Situation gestellt werden. Zwei interessante Befunde lassen sich an dieser Stelle zusammenfassen:

- Männer sind erfolgreicher in solchen Führungspositionen, in denen die Führungsrolle sehr maskulin definiert wird. Das sind z. B. Jobs in denen eine hohe Aufgabenkompetenz sowie die Fähigkeit, Mitarbeiter zu dirigieren und zu kontrollieren erforderlich ist.
- Frauen sind erfolgreicher in Führungsrollen, die eher feminin definiert werden. Dazu gehören Jobs, die soziale Kompetenz im Sinne von Kooperation, Einfühlungsvermögen und gutem Auskommen mit anderen erfordern.

Auf der Topmanagement-Ebene stehen folgende Aufgaben im Vordergrund: Innerbetriebliche Prozesse sollen so gestaltet und kontrolliert werden, dass die Unternehmensziele erreicht werden, gleichzeitig sollen Visionen zur Kommunikation und Identifikation mit der Unternehmensrichtung geschaffen werden. Die Führungsaufgaben im mittleren Management konzentrieren sich auf gezielte Personalentwicklung und -förderung sowie darauf, ein motivierendes Arbeitsumfeld zu schaffen.

Im Topmanagement können Frauen ebenso erfolgreich sein wie ihre männlichen Kollegen. Im mittleren Management dagegen dominieren die Frauen, da auf dieser Ebene ein besonders hohes Maß an sozialem Geschick ausschlaggebend für den Führungserfolg ist. Mit den eher soften Verhaltensfacetten, die im mittleren Management gefragt sind, scheinen Frauen hinsichtlich der oben beschriebenen Rollenerfordernisse besonders gut in diese Führungsebene zu passen.

Zusammenfassend lässt sich feststellen, dass Frauen tendenziell demokratischer und personenorientierter führen. Insbesondere bei der Steuerung interaktiver und gruppendynamischer Prozesse übernehmen sie eher die Führungsrolle als Männer. Maskuline Motivationsaspekte finden sich dagegen eher in starker Aufgaben- und Wettbewerbsorientierung.

Die Abgrenzung der Verhaltensfacetten zwischen weiblichen und männlichen Führungskräften gestaltet sich zunehmend fließender. Die Definition von Führungsrolle und Führungsaufgaben verbunden mit den Erfordernissen und Erwartungen an Führungskräfte ist kein statischer Zustand, sondern entwickelt sich mit den gesellschaftlichen Werten und wirtschaftlichen Zwängen bzw. Trends.

Zusammenfassung

DIE WICHTIGSTEN BOTSCHAFTEN FÜR SIE ZUSAMMENGEFASST:

Führung ist ein Mittel, das die Mitarbeiter dazu bewegt, Ziele, die sich aus der strategischen Zielsetzung ableiten lassen, zu erreichen. Die Leistung, die ein Mitarbeiter erbringt oder nicht erbringt, ist nicht nur von seiner inneren Leistungsbereitschaft abhängig, sondern wird maßgeblich vom Verhalten der Führungskraft beeinflusst.

Im Zentrum des Interesses der Führungspsychologie steht die Frage nach Gestaltungsmöglichkeiten effektiven Führungsverhaltens. Führung fängt immer bei sich selbst an, d. h. die Auseinandersetzung mit der eigenen Rolle als Führungskraft und die Akzeptanz resultierender Dilemmata, die man mit der Position eingekauft hat, bilden den Grundpfeiler eines effektiven und erfolgreichen Führungskonzepts.

Der Begriff „Führungsrolle" bezeichnet das Bündel der Erwartungen, die von allen Seiten (Vorgesetzte, Kollegen, Mitarbeiter, Kunden) an die Führungsposition gestellt werden. Aufgrund widersprüchlicher Erwartungen können Rollenkonflikte entstehen, aus denen es keinen eindeutigen und sicheren Ausweg gibt. Gefordert ist eine hohe Ambiguitätstoleranz, d. h. die Fähigkeit, entstehende Widersprüche auszuhalten bzw. auszubalancieren. Um so klarer Ziele definiert und Prioritäten gesetzt sind, um so einfacher wird es, die unterschiedlichen Forderungen der Umwelt auszubalancieren.

Um führungswirksam zu sein, ist es wichtig das eigene Führungsverhalten vor dem Hintergrund des situativen Führungskonzepts kritisch zu hinterfragen. Ist man auf einen Führungsstil, unabhängig der Situation und Person – sei es autoritär oder demokratisch – festgelegt oder kann man sein Verhalten situationsspezifisch anpassen? „Situativ Führen" heißt, in Abhängigkeit vom jeweiligen Mitarbeiter (Reifegrad) sowie von vorherrschenden Situationsvariablen (Organisationsstruktur, Umweltbedingungen, strategische Zielsetzungen) den passenden Führungsstil auszuwählen. Voraussetzung dafür ist die Bereitschaft und die Fähigkeit, eine Verhaltensflexibilität an den Tag zu legen, die sowohl von Durchsetzungs- und Überzeugungsstärke gekennzeichnet ist, als auch kooperative und empathische Verhaltenstendenzen beinhaltet.

Menschen einschätzen

Im Rahmen der Personalarbeit ist die Personalauswahl wohl die klassische Situation, in der Menschen eingeschätzt werden sollen. Es gibt dafür verschiedene Verfahren, die vom Interview bis zum Assessment-Center reichen. Aufgrund der gewonnenen Eindrücke soll entschieden werden, ob der Bewerber zum Unternehmen passt oder nicht. Als interessant und schwierig erweist sich hierbei häufig, die Persönlichkeit und die so genannten Soft Skills einzuschätzen. Fachliche Aspekte sind dagegen einfacher zu ermitteln.

Dieses Kapitel beschäftigt sich mit der Frage, ob und wie es gelingen kann, Menschen im betrieblichen Umfeld treffend einzuschätzen. Schwerpunkt der Betrachtungen wird die oben schon erwähnte prototypische Situation sein, in der es gilt, Menschen einzuschätzen: die Personalauswahl. Selbstverständlich sind die aus diesem Kapitel gewonnenen Erkenntnisse auch auf betriebliche Alltagssituationen anzuwenden.

Menschenkenntnis im Beruf

Eine uns bekannte Führungskraft behauptet steif und fest, sie (er)kenne das Wesen einer Person schon, wenn sie lediglich einige Minuten Zeit zur Beobachtung hätte. Aus Mimik, Gestik und Körpersprache ließe sich sehr rasch alles Wichtige über die wahre Person schließen.

Alle Erkenntnisse der Psychologie sprechen gegen diesen Menschenkenner. Die Frage, wie Verhalten von Menschen einzuschätzen ist, und vor allem, ob sich dieses oder ein anderes Verhalten auch in der Zukunft zeigen wird, ist eine der Grundfragen der gesamten Psychologie. Und würde ein findiger Kopf hier eine allgemeingültige und einfache Lösung finden: Der Nobelpreis wäre ihm sicher.

Tatsächlich kann man davon ausgehen, dass der Prozess der ersten Urteilsbildung über eine Person bei Laien schon nach wenigen Minuten abgeschlossen ist. Im Alltag ist so etwas sicherlich sinnvoll, denn schließlich kann man nicht den lieben langen Tag mit Persönlichkeitsdiagnostik verbringen.

Aber auch im betrieblichen Umfeld, z. B. im Rahmen eines Einstellungsprozesses wird das Urteil über einen Kandidaten oder eine Kandidatin ähnlich schnell gebildet. Untersucht man dann genauer, worauf der Personaler sein Urteil gründet, sind es erschütternd einfache Aspekte.

Man hört Aussagen wie er hat bei der Begrüßung feuchte Hände, einen schlaffen Händedruck, schaut dem Gesprächspartner nicht in die Augen oder hat eine schlecht sitzende Krawatte. Dies sind sicherlich Merkmale, die etwas über die zu beurteilende Person aussagen, die aber kaum dazu geeignet sind, die Frage zu beantworten, ob sich der Bewerber im beruflichen Alltag bewähren wird.

Trotzdem lassen sich natürlich bestimmte Aspekte als K.-o.-Kriterien verwenden: schlaffer Händedruck, schlecht sitzende Krawatte, unsicherer Blickkontakt sind sicherlich Eigenschaften, die man von einem zukünftigen Vertriebler nicht erwartet. Um hier zu sagen, dass der Kandidat nicht geeignet ist, bedarf es aber keiner besonderen Methodik!

Umfangreiche Forschungen haben gezeigt, dass bei schnell gewonnenen Eindrücken lediglich die subjektive Sicherheit der Beurteiler über die Persönlichkeit der beurteilten Menschen sehr hoch ist. Die tatsächliche Prognosekraft dieser aus dem Stand heraus gewonnenen Eindrücke ist gering. Von wirklicher Kenntnis kann hier also kaum die Rede sein.

Hinter diesen Ad-hoc-Eindrücken verbirgt sich eine weitere Gefahr: Je höher die subjektive Sicherheit eines Beurteilers, desto mehr werden Informationen, die diesem womöglich falschen ersten Eindruck widersprechen könnten, ausgeblendet. So auch bei der zu Beginn angesprochenen Führungskraft: Hatte sie eine Meinung über einen Menschen gefasst, wurden bestätigende Informationen gern wahrgenommen und widerlegende Informationen ausgeblendet oder sogar als Bestätigung uminterpretiert.

Wie bei einer Kollegin, die bei der angesprochenen Führungskraft in Ungnade gefallen war: Eine tadellos erledigte, umfangreiche Projektarbeit sprach nicht etwa für fachliche Kompetenz, sondern dafür, dass die Kollegin schnell in den Urlaub wolle. Hätte die Kollegin eine schlecht ausgearbeitete Projektarbeit abgeliefert, hätte auch dies für die mangelnde Qualifikation gesprochen. Keine Chance also für die Kollegin, der negativen Bewertung zu entkommen.

Man sollte, übrigens auch sich selbst gegenüber, skeptisch sein, wenn behauptet wird, man sei ein Menschenkenner. Denn letztlich verbirgt sich hinter dieser scheinbaren Fähigkeit nur die Tendenz, andere Menschen aufgrund weniger Informationen in eine Schublade zu stecken und die einmal gefasste Auffassung durch selektive Informationsaufnahme immer wieder zu bestätigen.

■ Menschen einschätzen im betrieblichen Umfeld

Der erste Schritt, wenn es darum geht Menschen einzuschätzen, besteht darin, Informationen über Verhaltensweisen des Bewerbers oder des Mitarbeiters zu sammeln. Vielfach müssen zunächst Informationen erst einmal in Erfahrung gebracht werden. Gerade im Bewerbungsverfahren ist das die größte Hürde. Bestimmte Verhaltensweisen, z. B. Eloquenz oder Nervosität, können im Gespräch beobachten werden, das meiste muss aber erfragt werden.

Um die Verhaltensweisen, die von Interesse sind, zu erfragen, sollte man über geeignete Gesprächstechniken verfügen und zudem wissen, nach was gefragt werden soll. Das Was bezeichnet in aller Regel die Soft Skills oder Persönlichkeitsmerkmale, die für den Job als relevant erachtet werden. Üblicherweise sind das Aspekte wie Gewissenhaftigkeit, Durchsetzungsstärke, Teamfähigkeit, Konfliktfähigkeit und Verhandlungsgeschick – um nur einige Merkmale zu nennen.

Menschenkenntnis im betrieblichen Umfeld bezieht sich damit zunächst einmal auf Techniken der Informationssuche. Im zweiten Schritt bedeutet dies, die gewonnenen Informationen so zu verknüpfen, dass eine sinnvolle Verhaltensprognose gestellt werden kann.

Menschenkenntnis im betrieblichen Kontext bedeutet, über treffende Arten der Informationssammlung und Informationsbewertung zu verfügen.

Die Personaldiagnostik beschäftigt sich ganz allgemein mit dem aktuellen und zukünftigen Verhalten im betrieblichen Kontext. So soll z. B. beurteilt werden, wie Mitarbeiter in Konflikten reagieren oder wie sie mit Misserfolgen umgehen. Solche Einschätzungen hinsichtlich des Verhaltens oder der Persönlichkeit sind durchaus als originäre Führungsaufgaben zu bezeichnen.

Unter psychologischer Perspektive wird Verhalten grundsätzlich mittels der folgenden Mechanismen erklärt oder vorhergesagt:

- **Induktionsschluss**: Ein bestimmtes Verhalten wird beobachtet oder ist aus der Vergangenheit bekannt und daraus wird gefolgert, dass der Mitarbeiter oder die Mitarbeiterin sich in Zukunft ebenso verhalten wird.
  Der häufig gehörte Satz nichts sagt das Verhalten in der Zukunft so gut vorher wie das in der Vergangenheit gezeigte Verhalten ist sicherlich nicht unberechtigt. Die Erfahrung spricht in vielen Fällen für diese Art der Schlussfolgerung. Von einem Mitarbeiter, der in Konflikten schon mehrfach aufbrausend und impulsiv reagiert hat, erwartet man auch in Zukunft nichts anderes.
- **Analogieschluss**: Im Einstellungsverfahren kann bei der Kandidatin eine sehr präzise und lebendige Ausdrucksweise beobachtet werden. Dies wird darauf zurückgeführt, dass sprachliche Gewandtheit eine zu Grunde liegende Eigenschaft ist, woraus wiederum geschlossen wird, dass die Kandidatin auch in anderen Situationen diese sprachliche Eloquenz aufweisen wird, z. B. in Verhandlungsgesprächen.
- **Verallgemeinerung**: Eine Kollegin geht äußerst akkurat bei der Gestaltung von Präsentationen vor. Man schließt daraus, dass sie dieses sorgfältige Verhalten auch bei anderen Aufgaben zeigt, z. B. wenn sie Briefe abfasst, Listen oder Termine führt.

Denken Sie z. B. an ein Einstellungsinterview: Der Interviewer hört von einer bestimmten Art der Konfliktlösung, folgert daraus, dass die Kandidatin konfliktfähig ist – was konfliktfähig bedeutet, wird im Kapitel Konfliktmanagement näher beleuchtet – und nimmt an, dass sie sich auch in Zukunft so verhalten wird.

Oder die Kandidatin erscheint zum Einstellungsinterview mit stilvoller Garderobe und daraus wird geschlossen, dass sie sich auch zu anderen Gelegenheiten entsprechend geschmackvoll anziehen wird. Um ein negatives Beispiel zu nennen: Sie registrieren bei der Begrüßung einen schlaffen, feuchten Händedruck, führen dies auf mangelnde Durchsetzungsstärke zurück und lassen den Kandidaten im Geiste bereits durchfallen.

Der letzte Schluss ist problematisch. Der Zusammenhang zwischen dem schlaffen Händedruck und der mangelnden Durchsetzungsstärke ist eine typische Alltagstheorie, die durch keinerlei empirische Erkenntnisse gestützt wird. Ganz im Gegenteil: In manchen Unternehmen gehört es zur Kultur, einen festen Händedruck sowie stechenden Blickkontakt aufzunehmen, mit Persönlichkeit hat ein solches Verhalten dort nichts mehr zu tun.

Und auch in Bewerberratgebern wird über Begrüßungsrituale lang und breit schwadroniert, so dass jeder Buchhalter inzwischen über einen schraubstockartigen Händedruck verfügt. Dieses Merkmal hat keinen diagnostischen Wert – abgesehen davon, dass es sich unangenehm anfühlt. Eine solche Art der Schlussfolgerung wird auch als der Gebrauch impliziter Persönlichkeitstheorien bezeichnet.

Wenn Sie den schlaffen Händedruck im Geiste mit einem wenig durchsetzungsfähigen Wesen des Kandidaten verknüpfen, stellen Sie einen Zusammenhang zwischen Verhalten und Persönlichkeit her. Dies steht und fällt mit dem Wert einer solchen Verknüpfung. Ist der behauptete Zusammenhang unsinnig, sind auch die darauf fußenden Vorhersagen unsinnig.

Natürlich besteht die Hoffnung, dass es geheime Tricks, Tipps und einfache Regeln gibt, die etwas über das wahre Wesen der zu beurteilenden Menschen verraten. Nicht umsonst haben Verfahren wie das neurolinguistische Programmieren (NLP) überraschenden Zulauf, weil sie jedermann bestechend einfache Regeln darüber an die Hand geben, wie Menschen scheinbar funktionieren.

In Frankreich werden in der Bewerberdiagnostik sehr häufig graphologische Gutachten eingesetzt, obwohl es in wissenschaftlicher Hinsicht keinerlei Hinweise auf eine Prognosekraft dieser Verfahren gibt. Aber der Gedanke, anhand weniger Merkmale alles Wichtige über einen Menschen zu erfahren, ist bestechend!

Den Ist-Zustand erfassen

Zunächst geht es darum, den Ist-Zustand zu erfassen, und erst im nächsten Schritt um die Frage, wie die erfassten Informationen zu bewerten sind. Im betrieblichen Kontext erfolgt der erste Kontakt zu einem neuen Mitarbeiter über den Prozess der Personalauswahl. Üblicherweise gibt es Unterlagen, die im Vorfeld eines ersten Gespräches gesichtet worden sind, oder man hat etwas über den Bewerber berichtet bekommen, wenn er sich z. B. aufgrund einer Empfehlung vorstellt.

Es ist nicht zu vermeiden, dass Sie wegen dieser ersten Informationen gewisse Vorannahmen über die Person entwickeln. Sie erwarten z. B. aufgrund des Bildungsganges einen sehr zielstrebigen Kandidaten oder Sie vermuten einen eher konservativ veranlagten Bewerber, weil er Mitglied einer Burschenschaft war.

Vorannahmen zu bilden ist weder gut noch schlecht, es ist normal und charakterisiert den Vorgang der menschlichen Informationsverarbeitung generell. Wichtig ist, dass man sich der Vorannahmen bewusst ist und sie nicht so starr trifft, dass eine weitere Informationsaufnahme dadurch beeinträchtigt wird.

■ Was beeinflusst die Informationsaufnahme?

An dieser Stelle sollen Ihnen zwei Theorien vorgestellt werden, die beschreiben, wie die Wahrnehmung durch Vorannahmen und Erwartungshaltungen beeinflusst wird: die Gating-Theorie und die Dissonanztheorie.

Die Gating-Theorie beschreibt, wie Erwartungshaltungen dazu führen können, dass in der Phase der Informationsaufnahme bestimmte Informationen bereitwilliger zur Kenntnis genommen werden als andere.

GATING-THEORIE
KERNAUSSAGEN

Grundlegende Aussagen: Die Gating-Theorie geht zunächst einmal davon aus, dass die Informationsverarbeitung durch die bestehenden Erwartungshaltungen beeinflusst wird. Je nachdem, welche Erwartungen gegenüber einer zu beurteilenden Person oder einem Objekt bestehen, werden bestimmte Informationen vorselektiert, d. h. sie werden bereitwilliger wahrgenommen. Aus diesem Grunde spricht man auch von selektiver Wahrnehmung bzw. selektiver Aufmerksamkeit.

Ferner postuliert die Gating-Theorie ein Stufenmodell der Wahrnehmung: Zunächst wird das zu beurteilende Objekt kategorisiert, im ungünstigen Fall aufgrund eines Stereotyps. Dann werden weitere Informationen aufgenommen und dahingehend überprüft, wie sie zu der ursprünglichen Kategorisierung passen. In einer letzten Stufe wird die Kategorisierung abgeschlossen und gegen weitere, womöglich widersprüchliche Informationen geschützt bzw. abgeschottet.

Wurde also ein Bewerber sehr früh und aufgrund eines vergleichsweise starken Vorurteils einer Kategorie zugeordnet, z. B. wenig durchsetzungsstark, schüchtern, o. Ä., wird erst gar nicht nach widerlegenden Informationen gesucht. Ganz im Gegenteil, Informationen, die diesen Eindruck stützen, werden als hoch willkommen aufgenommen.

Je stärker der zu beurteilende Bewerber schon im Vorfeld einer Kategorie zugeordnet wird, desto weniger zusätzliche Informationen sind nötig, um diese Vorbeurteilung zu stützen. Wie durch einen Filter werden genau die Informationen selektiert, die die Kategorisierung stützen.

In einem Bewerbergespräch, das wir für einen Klienten von Kienbaum begleiteten, konnten wir einmal miterleben, wie der Kollege, der die Bewerberin aufgrund von Vorinformationen offensichtlich in die Schublade unorganisiert gesteckt hatte, Berichte über sehr strukturierte Projektdurchführungen schlicht und einfach überhörte. In der Nachbesprechung schien es, als hätte er diese gar nicht zur Kenntnis genommen.

Das Phänomen, etwas nicht wahrzunehmen, verstärkt sich, je ausgeprägter die Vorannahmen über die zu beurteilende Person sind. Umgekehrt heißt dies, dass ein Bewerber oder eine Bewerberin sich sehr viel mehr anstrengen muss, um eine Vorverurteilung auszugleichen. Menschen sind keine objektiven Informationsverarbeiter. Schon was sie wahrnehmen wird durch ihre Haltung, ihre Vorannahmen bestimmt.

Noch weiter geht die Dissonanztheorie. Sie beschreibt, dass Informationen, die dazu geeignet wären, die Vorannahmen zu widerlegen – sofern sie überhaupt wahrgenommen werden – im ungünstigen Fall sogar uminterpretiert werden. So behält das System der Vorannahmen seine Gültigkeit.

Die Dissonanztheorie geht davon aus, dass Menschen hinsichtlich ihrer Auffassungen, Meinungen und Wahrnehmungen einen Zustand anstreben, der als eine Art Gleichgewicht beschrieben werden kann.

Sehen Sie dazu folgendes Beispiel:

Wenn Sie fest davon überzeugt sind, dass ein Kollege gutmütig, fair und kollegial ist, werden Sie die Information, dass sich dieser Kollege gegenüber einer Mitarbeiterin höchst unfair benommen hat, als dissonant erleben. Als nicht passend zu den sonstigen Informationen, die Sie über diesen Kollegen haben.

Es gibt verschiedene Möglichkeiten, diese entstandene Dissonanz zu verringern. Die Auffassung über den Kollegen könnte geändert werden. Es könnte aber auch die Information selbst anders interpretiert werden, indem z. B. unterstellt wird, dass die Mitarbeiterin dieses Verhalten selbst provoziert hat, oder der Sachverhalt ganz anders zu beschreiben sei, sich anders zugetragen habe.

THEORIE DER KOGNITIVEN DISSONANZ
KERNAUSSAGEN

Grundannahmen: Menschen streben in ihren Meinungen, Werthaltungen und Einstellungen eine gewisse Widerspruchsfreiheit an. Wenn z. B. eine Führungskraft, die für sich beansprucht ich bin eine Führungskraft, die sich um ihre Mitarbeiter kümmert erkennt, dass sie mit einer bestimmten Mitarbeiterin schon lange Zeit keinen Austausch mehr hatte, geraten ihre Werthaltungen mit den eigenen Handlungen in Konflikt. Es entsteht die so genannte kognitive Dissonanz.

Die empfundene Dissonanz ist umso größer, je mehr Werthaltungen und Einstellungen betroffen werden und je wichtiger der relevante Aspekt für die Person subjektiv ist. Für das Alltagsleben typische Widersprüche entstehen zwischen gesundheitsrelevanten Auffassungen und Werthaltungen und der Erkenntnis, dass man dennoch nicht genug Sport treibt, zu viel isst oder zu lange bewegungslos im Büro sitzt.

Auch ein bestimmtes Konsumverhalten kann Dissonanz auslösen. Man bekommt ein schlechtes Gewissen, wenn zu viel Geld für scheinbar sinnlose Dinge ausgegeben wurde, denn man „müsste eigentlich vorsorgen oder das Geld lieber in sinnvolle Sachen stecken."

Sofern die Dissonanz empfunden wird – manche Naturen sind einfach robust und halten Widersprüche klaglos aus – entsteht das Bestreben, sie zu reduzieren. Man verändert entweder was man über den entsprechenden Gegenstandsbereich denkt, oder was man darüber wahrnimmt. Diesen Vorgang, das Gleichgewicht wieder herzustellen, nennt man **Dissonanzreduktion**.

Die oben angesprochene Führungskraft könnte sich sagen, dass die Mitarbeiterin schließlich auch von sich selbst das Gespräch suchen könne, oder dass sich um Mitarbeiter kümmern ja nicht bedeutet, ihnen nachzulaufen. Oder die Führungskraft könnte sich überlegen, dass es auch ganz gut sei, längere Zeit keinen Kontakt zu haben, das fördere schließlich die Eigenständigkeit der Mitarbeiter.

Im Rahmen des Prozesses der Dissonanzreduktion können also Meinungen geändert, Wahrnehmungen verzerrt oder gegen genehmere ausgetauscht werden – mit dem Ziel, das eigene System der Wahrnehmungen, Werthaltungen und Einstellungen im Gleichgewicht zu halten.

Welche der Auffassungen letztlich geändert wird, hängt von dem Änderungswiderstand ab. Übertragen auf das Beispiel oben käme es darauf an, ob es der Führungskraft leichter fällt, die Auffassung über den Kollegen zu ändern, wenn ihr an diesem Kollegen nicht sehr viel liegt, oder stattdessen die Situation anders zu interpretieren, d. h. der Mitarbeiterin zu unterstellen, sie habe die Situation selbst zu verantworten.

Menschen gehen übrigens sehr unterschiedlich mit Dissonanzen um. Manche haben eine hohe Ambiguitätstoleranz, d. h. es gelingt ihnen offensichtlich gut, Widersprüche auszuhalten. Andere quälen sich sehr damit und leiden im schlimmsten Fall unter Zuständen wie etwa Depressionen.

Das Phänomen der Dissonanzreduktion soll in einem weiteren Beispiel erläutert werden:

Wir waren im Rahmen unserer Tätigkeit für Kienbaum einer Personalberatung zur Seite gestellt. Die Beraterinnen dort, die ganztägige, individuelle Eignungs- und Potenzialanalysen durchführten, ähnlich einem Assessment-Center, hatten zumeist nach wenigen Minuten ihr Urteil über die Kandidaten gefällt. Jede weitere Übung und jeder weitere Test im Laufe des Tages diente nur noch zur Bestätigung dessen, was man am Vormittag eigentlich schon wusste.

So wurden auch ohne Not fast gleiche Profile in einem Persönlichkeitstest bei zwei Bewerbern völlig unterschiedlich interpretiert. Und auf diese Menschenkenntnis, die eigentlich ausschließlich auf der Bestätigung einmal getroffener Vorannahmen beruhte, waren die Beraterinnen sogar noch stolz!

Wie kann man sich selbst gegen diese Effekte wappnen? Vollkommen entziehen kann man sich den Mechanismen der Wahrnehmung leider nicht. Es gibt aber Techniken, die zu einer größtmöglichen Objektivität im Verfahren der Beurteilung führen. Im nächsten Kapitel werden wir Ihnen diese Techniken vorstellen.

■ Wahrnehmungs- und Erinnerungsverzerrungen

Über die beschriebenen Phänomene hinaus gibt es auch aus der Wahrnehmungspsychologie Erkenntnisse, die in den Prozess der Informationsaufnahme hineinspielen. Gerade bei Kollegen und Kolleginnen, die in Bewerbergesprächen keine oder nur wenige Notizen machen, sind diese Phänomene gut zu beobachten.

Die im nächsten Kasten beschriebenen Effekte beruhen weniger auf umfangreichen Interpretationsprozessen, als darauf, wie menschliches Denken, Verstehen und Problemlösen organisiert wird. Es handelt sich um Wahrnehmungs- und Gedächtnisphänomene.

TYPISCHE WAHRNEHMUNGS- UND ERINNERUNGSVERZERRUNGEN

Primacy-recency-Effekt: Häufig erinnern sich Menschen am besten an das zuerst und zuletzt Gehörte oder Gesehene. Eine bekannte Sängerin hat – dieser Tatsache Rechnung tragend – einmal gesagt, der erste und der letzte Ton seien besonders wichtig. Was zwischendrin passiere, sei eher unwichtig. Und auch aus diesem Grund mag der magische erste Eindruck eine solche Bedeutung haben.

Kreatives Vergessen: Informationen werden z. T. nicht einfach vergessen, sie werden geradezu phantasievoll zu einem stimmigen Gesamtbild ergänzt.

Unterschiede bleiben haften: Es fällt leichter, Informationen zu erinnern, die große Unterschiede zwischen Bewerbern charakterisieren. Kleine Unterschiede, die z. T. auch sehr bedeutend sein können, werden gern vergessen.

Das Gedächtnis ist kein objektiver Speicher. Es arbeitet, es reorganisiert aktiv die Informationen. Aufgrund dieser Erkenntnis hat sich der Wert von Augenzeugenberichten vor Gericht in den letzten Jahren deutlich abgeschwächt.

Der Prozess der Informationsaufnahme ist nur der erste Schritt. Die Informationen werden interpretiert, auf ihre Bedeutung hin überprüft. Die konkrete Frage, die dahinter steht, lautet: Was sagt diese Information nun über das zukünftige Verhalten dieser Person aus?

Auch hier ist beobachtbar, dass verschiedene Menschen, z. B. in gemeinsam durchgeführten Einstellungsgesprächen, die Informationen ganz unterschiedlich bewerten und zu ganz unterschiedlichen Schlüssen gelangen. Wie ein bestimmtes Verhalten zu bewerten ist, ob es z. B. dafür spricht, dass ein Bewerber eine entsprechende Persönlichkeitseigenschaft aufweist, oder ob der Bewerber lediglich durch äußere Umstände zu diesem Verhalten gezwungen wurde, ist eine Frage der Attribution. Mit der Attribution befasst sich der nächste Abschnitt.

Informationen richtig interpretieren

Sie wissen von einem Bewerber, dass er einen berufsbegleitenden Studienabschluss gemacht hat. Spricht das nun für Intelligenz oder nur für große Belastbarkeit? Eine Kollegin hinterlässt vor ihrem Urlaub ein veritables Chaos, das Sie als Urlaubsvertretung beseitigen dürfen. Spricht das nun für bösen Willen oder womöglich für ein unorganisiertes Wesen der Kollegin?

Eine grundsätzliche Frage ist immer, ob ein bestimmtes Verhalten überhaupt der Person zuzurechnen ist. Kann es z. B. bei einer glänzend bestandenen Prüfung nicht sein, dass die Prüfung schlicht zu einfach war? Wäre das der Fall gewesen, könnte man dem Prüfling das gute Ergebnis nicht zurechnen, er wäre dafür nicht verantwortlich.

Attribution: Alltagserklärungen

Attributionstheorien in der Psychologie befassen sich genau mit solchen Fragen: Wann und unter welchen Umständen schreiben Beobachter ein Verhalten der Person selbst, ihren Fähigkeiten oder allein den Umständen zu? Rechnet man das Verhalten dem Menschen selbst zu, spricht man von innerere Attribution, macht man die äußeren Umstände für das Verhalten verantwortlich, wird von externer Attribution gesprochen.

Aus der Attributionsforschung sind bestimmte Effekte durch eine Reihe von Untersuchungen gut belegt. Sie kennen vielleicht folgendes Phänomen: Eigene Misserfolge werden gern auf die Umstände geschoben, Erfolge gern auf die eigene Person.

Interessanterweise kehrt sich dieses Prinzip um, wenn es um die Beurteilung anderer Personen geht. Ist die Kundenpräsentation des Kollegen misslungen heißt es, „war ja klar!". Hat die Präsentation zu einem dicken Auftrag geführt, heißt es, „ohne seine Assistentin hätte er das gar nicht hinbekommen" oder „der hat auch Glück, dass er in der Medienbranche akquiriert. Da ist gerade großer Bedarf".

Die Neigung, eigene Erfolge mit innerer Attribution, eigene Misserfolge dagegen mit externer Attribution zu erklären, ist selbstwertschützend.
Tatsächlich gibt es Untersuchungen darüber, dass ein selbstwertschädigender Erklärungsstil mit depressivem Verhalten in Zusammenhang steht. Der nächste Kasten zeigt Ihnen einige typische Attributionsfehler oder Attributionstendenzen auf, die auch im Rahmen der Personalarbeit relevant werden. In vielerlei Experimenten konnten diese Effekte nachgewiesen werden.

TYPISCHE ATTRIBUTIONSFEHLER

Fundamentaler Attributionsfehler: Wenn andere Menschen beurteilt werden, gewichtet man häufig den Personenfaktor zu stark. Wenn z. B. ein Bewerber in einer Übung im Rahmen eines Assessment-Centers sehr schlecht abschneidet, wird dies häufig der mangelnden Fähigkeit des Bewerbers zugeschrieben. Es könnte allerdings ebenso an externen Gründen liegen, z. B. an der schlechten Konstruktion der Übung oder einer stark stressenden Auswahlsituation.

Psychologische Nähe: Ist die Beziehung zu einem Bewerber/einer Bewerberin aus irgendeinem Grund positiv (ähnliches Hobby, gleicher Geburtsort, sonstige Gemeinsamkeiten), besteht eher die Bereitschaft, Erfolge (z. B. in Assessment-Center-Übungen) dem Bewerber/der Bewerberin selbst zuzuschreiben.

Negative Beobachtungen werden dann häufiger der Situation zugeschrieben (ist heute nicht sein Tag, war auch nicht gut erklärt, hätte sie unter anderen Umständen besser gemacht).

Selbstwertschützende Attribution: Eigene Misserfolge werden gern auf die Situation geschoben, Erfolge dagegen liegen in den eigenen Fähigkeiten begründet. Diese Tendenz könnte in der Darstellung eines Bewerbers entdeckt werden, der Misserfolge konsequent auf situative Faktoren schiebt.

Die oben beschriebenen Attributionsfehler sind eigentlich Attributionstendenzen. Denn würde man von Fehlern sprechen, müsste man davon ausgehen, dass es eine unumstößliche Objektivität gibt, die lediglich falsch dargestellt wird. Eine solche Annahme ist in den Sozialwissenschaften nicht möglich, denn gerade um soziale Phänomene zu erfassen, gibt es keine Messverfahren, die den eindeutigen wahren Bestand darstellen könnten.

Die angesprochenen Tendenzen lassen sich aber in vielen Personalauswahlverfahren beobachten. Das Phänomen der psychologischen Nähe führt in Bewerbergesprächen regelmäßig dazu, dass offensichtlich gegen den Bewerber sprechende Fakten, z. B. ein extrem langes Studium, bereitwillig auf ungünstige, situative Umstände geschoben werden, während andere Gegebenheiten, z. B. lange Unternehmenszugehörigkeit, als deutliches Signal der Loyalität gewertet werden.

Die genannten Tendenzen treten nicht immer gleichzeitig auf, z. T. ist dies auch gar nicht möglich, weil sie inhaltlich gegenläufig sind. Bei manchen Beurteilern scheinen diese Tendenzen aber ganz offensichtlich stärker ausgeprägt zu sein als bei anderen. Und in diesem Fall mag es gerechtfertigt sein, von Attributionsfehlern zu sprechen.

Ein Fall von typischer Erwartungsbestätigung ist uns noch in Erinnerung: Im Rahmen eines eintägigen Bewerbungsverfahrens, das Kienbaum unterstützend begleiten sollte, hatte die Beraterin offensichtlich die Auffassung gewonnen, die Bewerberin sei nicht besonders intelligent. Der am Nachmittag durchgeführte Intelligenztest war, entgegen der Erwartung, extrem gut ausgefallen.

Ich erinnere mich noch an die ersten Worte der überraschten Beraterin: „Herr von der Linde, haben Sie der Kandidatin vielleicht zu viel Zeit gelassen für die Aufgaben?" Nachdem ich verneinte, hieß es, „dann hat sie sicher einen solchen Test schon einmal vorher gemacht, sonst kann ich mir dieses Ergebnis nicht erklären".

Nähe und Kontrast

Von großer Bedeutung für die Frage, wie Personen beurteilt werden, ist die so genannte Assimilations-Kontrast-Theorie. Insbesondere hinsichtlich des Phänomens der Beurteilungsfehler liefert diese Theorie wichtige Hinweise.

ASSIMILATIONS-KONTRAST-THEORIE
KERNAUSSAGEN

Grundannahmen: Die Theorie geht davon aus, dass Menschen, wenn sie die Einstellungen, Handlungen und Aussagen anderer Personen beurteilen, ihre eigene Einstellung gewissermaßen als Anker verwenden. Ist für einen Beurteiler, z. B. in der Bewertung eines Bewerbers, wichtig, wie dieser sich zu dem Thema Umweltschutz stellt, fungiert die eigene Einstellung des Beurteilers als Referenzpunkt.

Wird die Einstellung des Bewerbers nun als relativ nah empfunden, tritt der „Assimilationseffekt" auf. Der Beurteiler empfindet die Haltung des Bewerbers noch ähnlicher/näher, als sie tatsächlich ist, womöglich bestehende Differenzen werden verdeckt.

Im umgekehrten Fall, sofern der Beurteiler eine relative Ferne in den Auffassungen erkennt, tritt der „Kontrasteffekt" ein. Die Auffassungen/Haltungen des Bewerbers werde als noch ferner empfunden, als sie tatsächlich sind. In diesem Fall werden also Gemeinsamkeiten verdeckt. In beiden Fällen ist die Bewertung nicht sehr objektiv.

Der Beurteiler empfindet die Person mit einem Male näher oder ferner in ihren Auffassungen oder Eigenschaften, als es ein unabhängiger Betrachter tun würde. Tatsächlich bestehende Unterschiede werden in der Wahrnehmung nivelliert oder überbetont.

Diese verzerrende Tendenz wird stärker, je wichtiger die Entscheidung, die aufgrund der Bewertung getroffen werden soll, ist. Bei Einstellungsentscheidungen kann dieser Mechanismus dazu führen, dass nur als sehr ähnlich empfundene Bewerber überhaupt in die engere Wahl gelangen. Denkt man diesen Mechanismus konsequent zu Ende, suchen Führungskräfte auf oberer Ebene nach eigenen Abbildern. Und das ungeachtet der Frage, ob in fachlicher und psychologischer Hinsicht diese Ähnlichkeit überhaupt erwünscht ist.

Es gibt viele Möglichkeiten, fachliche und soziale Probleme in einem Unternehmen anzupacken. Wichtig ist es, Mitarbeiter zu finden, die einen dieser Wege erfolgreich beschreiten. Ob dies der Weg ist, den auch die Führungskraft selbst beschreiten würde, bleibt dahingestellt. Dennoch zeichnen sich manche Führungsetagen durch eine solchermaßen provozierte homogene Art des Umgangs aus. Der Unternehmenskultur ist so etwas nicht unbedingt förderlich.

Der Mechanismus, den die Assimilations-Kontrast-Theorie beschreibt, kann noch zu anderen, störenden Effekten führen. Im ungünstigen Fall werden z. B. Meinungsdifferenzen in Teams überdeckt. Die Auffassungen der Personen, die scheinbar zur eigenen Gruppe gehören, werden als näher/ähnlicher wahrgenommen, als sie sind. In Krisensituationen brechen unvermeidlich die tatsächlich vorhandenen Differenzen hervor.

Für Menschen, die sich bis dahin durch den Assimilationseffekt sehr stark beeinflussen haben lassen, führt dies regelmäßig zu großen Enttäuschungen, wenn sie auf einmal gezwungen sind, die bislang im Geiste übertünchten Differenzen wahrzunehmen. Führungskräfte, die diesem Effekt stark unterliegen, sind unangenehme Zeitgenossen.

Solange die empfundene Nähe zu einem Mitarbeiter da ist, werden tatsächliche Differenzen übergangen, nivelliert. Sobald durch irgendeinen, womöglich unvermeidlichen Umstand, Risse in das so innige Verhältnis gelangen, werden die Mitarbeiter gnadenlos abgewertet. Man bekommt dann keinen Fuß mehr auf die Erde.

Der Inhaber eines mittelständischen, produzierenden Unternehmens hatte auf diese Weise innerhalb von sechs Jahren sieben Geschäftsführer verschlissen. Wie der inzwischen in die Nachfolge gekommene Sohn berichtete, hatte der alte Herr schon im Auswahlverfahren ganz offensichtlich die Bewerber bevorzugt, die eine scheinbare Nähe in Haltungen und Werdegang aufwiesen. Fachlichen Argumenten zeigte er sich regelmäßig nicht zugänglich.

Einer kurzen Phase der Euphorie folgten in vorhersehbarer Abfolge Abwertung, Enttäuschung und letztlich die Entlassung. Immer mit dem Gefühl, einmal mehr betrogen worden zu sein. Freilich hat ein solches Verhalten auch noch mit anderen Persönlichkeitsvariablen bei der Führungskraft zu tun, die Assimilations-Kontrast-Theorie beschreibt dabei nur eine Facette.

Verhalten beschreiben und erklären

Über die beschriebenen Effekte der Informationsaufnahme und Bewertung hinaus entsteht natürlich die Frage, für was eigentlich das beobachtete Verhalten spricht? Ist der Mitarbeiter denn nun selbstunsicher, wenig durchsetzungsstark oder gar neurotisch? Sind die in einem Auswahlverfahren interessierenden Facetten tief in der Persönlichkeit liegende Aspekte oder haben Sie es hier mit pragmatischen, sehr leicht veränderbaren Verhaltensfacetten zu tun?

Zu diesem Zweck möchten wir Ihnen die Konzepte **Soft Skills, Typologien** und **Persönlichkeitskonstrukte** vorstellen. Insbesondere der Begriff Soft Skills ist seit einigen Jahren in aller Munde. Nach diesem Abschnitt werden Sie wissen, was sich dahinter verbirgt und was davon wirklich aus der Psychologie entstammt und was – dies muss kein Nachteil sein – aus der gelebten Praxis.

Soft Skills

Der nächste Kasten zeigt eine Auflistung mit Aspekten, die üblicherweise in Auswahlverfahren thematisiert werden. Diese Verhaltensaspekte sind gemeint, wenn in der Literatur von Soft Skills gesprochen wird. Weil der Begriff Soft Skills nicht geschützt ist, werden ihm zum Teil unterschiedliche Aspekte zugeordnet. Allein in einer Web-Recherche findet sich ein Sammelsurium von ca. 200 Begriffen.

SOFT SKILLS IN DER PERSONALAUSWAHL

Analytisches Denken,

Durchsetzungsvermögen,

Kommunikative Fähigkeiten,

Konfliktkompetenz, Konfliktmanagement,

Teamfähigkeit,

strategisches Denken,

Verhandlungsgeschick,

Präsentationskompetenz,

Planung- und Organisation,

Selbstmanagement/Zeitmanagement,

Führungsaspekte: Motivation, Delegation,

Einfühlungsvermögen,

Kontaktstärke/Kontaktmanagement.

Wenn Sie beispielsweise die Aspekte Teamfähigkeit und Konfliktkompetenz betrachten, wird schon anhand des Alltagsverständnisses klar, dass wahrscheinlich eine Vielzahl einzelner Facetten unter diese beiden Begriffe fallen. Zudem würden unterschiedliche Beobachter durchaus sehr unterschiedliche Merkmale darunter fassen. Solche pragmatisch konzipierten Dimensionen sind das, was man typischerweise als Soft Skills bezeichnet.

Berufsbezogene Soft Skills sind inhaltlich nicht klar voneinander abzugrenzen und keine psychologisch überprüften Variablen. Sie sind aus dem Alltagsverständnis heraus konstruiert. Soft Skills sollen für den Phänomenbereich Handeln im beruflichen Umfeld praktikable Beschreibungen sein.

Manche Soft Skills weisen mehr inhaltliche Nähe zu empirisch beforschten Persönlichkeitsvariablen auf als andere. Fest steht allerdings: Es gibt bis heute keine verbindlich geregelte oder womöglich aus der Psychologie ableitbare Kategorisierung von Soft Skills. Niemand hindert einen Personalberater daran, einen höchst innovativen Soft Skill zu erfinden, der sich z. B. Diversity-Management nennt und die Fähigkeit beschreiben soll, konstruktiv mit ethnischer Andersartigkeit im beruflichen Umfeld umzugehen.

Damit soll nicht gesagt sein, dass dieser Soft Skill keinen Sinn ergibt. Nur hat er mit trennscharfen psychologischen Variablen wenig zu tun. Das muss er aber auch nicht. Denn Soft Skills beschreiben lediglich ein ganzes Bündel an Verhaltensweisen. Zeigt man von diesen – unter einen Soft skill - gefassten Verhaltensweisen mehr, hat man eine höhere Ausprägung auf diesem soft skill, zeigt man davon weniger Verhaltensweisen, hat man eine niedrigere Ausprägung. So einfach wird die Sache gehandhabt.

Soft Skills sind Beschreibungen, die zumeist ganze Verhaltensbereiche zusammenfassen (z. B. Konfliktfähigkeit). Im Gegensatz zu so genannten Persönlichkeitskonstrukten liefern sie keine Erklärungen für Verhalten.
Nicht immer wird allerdings in der Managementliteratur zwischen diesen Varibalen getrennt.

Persönlichkeitskonstrukte

Während Soft Skills beschreibende Sammlungen von Verhaltensweisen sind, die keinen erklärenden Charakter haben, ist der Anspruch an psychologische Persönlichkeitskonstrukte ein anderer. Liegt ein bestimmtes Merkmal vor, soll es gleichzeitig – im psychologischen Verständnis – beobachtbares Verhalten erklären. Und erklären heißt, es auf dahinter liegende, psychische Prozesse zurückzuführen.

Persönlichkeitsvariablen sind empirisch, d. h. experimentell überprüfte Merkmale, die aber oft nur sehr wenig psychologischen Einzugsbereich haben. Sie sind inhaltlich sehr eng gefasst und in der Regel nicht dazu geeignet, allein darüber zu urteilen, ob z. B. ein Kandidat oder eine Kandidatin im Rahmen eines Auswahlverfahrens geeignet ist.

Man wird beispielsweise an der Frage, ob eine Person in hohem Maße ambiguitätstolerant ist, also gut mit Widersprüchen umgehen kann, nur selten festmachen können, ob sie für einen bestimmten Job geeignet ist.

BEISPIELE FÜR PERSÖNLICHKEITSKONSTRUKTE

Frustrationstoleranz: Die einen stecken Misserfolge verhältnismäßig gut weg, können sich schon bald wieder auf ihre Aufgaben konzentrieren. Andere werden davon lange Zeit noch gequält, grübeln, erleben Stress und Unzufriedenheit.

Belohnungsaufschub: Menschen unterscheiden sich darin, wie gut sie damit umgehen können, dass eine erhoffte Belohnung manchmal sehr lange auf sich warten lässt. Es gibt Naturen, die können sich in der Erwartung einer fernen Belohnung sehr lange auf den Weg dorthin konzentrieren. Andere streben nach schnellen Verstärkungen, würden also eine kleinere Belohnung, die sofort ausgezahlt wird, einer viel größeren, aber in weiter Ferne liegenden Belohnung vorziehen. Dieses Merkmal hat sicherlich mit der Fähigkeit zu tun, sich im Arbeitsprozess auch bei langwierigen Aufgaben selbst zu disziplinieren.

Ambiguitätstoleranz: Die Fähigkeit, mit Widersprüchen umzugehen.

Repression vs. Sensitization: Es wird angenommen, dass Menschen sich darin unterscheiden, ob sie eine kritische Situation meistern, indem sie diese möglichst wenig zur Kenntnis nehmen (verdrängen) oder indem sie ihr gerade besonders viel Aufmerksamkeit schenken.

Weitere Persönlichkeitskonstrukte sind: Ängstlichkeit, Locus of Control, soziale Beeinflussbarkeit, Dominanz, Intelligenz, Kreativität.

Dennoch sind diese als Persönlichkeitskonstrukte bezeichneten Merkmale dazu geeignet, das Verhalten eines Menschen in bestimmten Situationen treffend zu beschreiben. Als zusätzliche Beobachtungskategorien sind sie durchaus von großem Wert.

Wir möchten Ihnen z. B. empfehlen, einmal hinsichtlich der Aspekte Belohnungsaufschub, Frustrationstoleranz und Ambiguitätstoleranz Ihre Kollegen und Kolleginnen einzuschätzen. Sie werden merken, dass diese Merkmale, vielmehr die unterschiedlichen Ausprägungen dieser Merkmale, in vielen Arbeitssituationen zum Tragen kommen.

Frustrationstoleranz kann etwas mit der Ausdauer zu tun haben, mit der sich jemand bestimmten Problemen widmet. Gleichzeitig aber auch mit seinem Konfliktverhalten. Ebenso der Aspekt Belohnungsaufschub. Wer sehr schnell Erfolge sucht, wird sicher ein grundsätzlich anderes Arbeitsverhalten an den Tag legen, als jemand, der hier mehr Geduld mitbringt.

▩ Typologien

Sehr häufig finden sich in der Managementliteratur, in Trainingsinhalten oder in – vornehmlich älterer – psychologischer Fachliteratur so genannte Typologien (vgl. Kapitel „Die psychologischen Grundbausteine"). Verkäufer kennen aus Verkaufstrainings Kundentypologien wie den „Expressiven", den „Verbindlichen", den „Macher". Im Alltagswissen gibt es Persönlichkeitstypen wie den „Extravertierten" oder den „Sanguiniker". Auf Freud sind Begriffe wie „oraler" oder „analer" Charakter zurückzuführen.

All diesen Typologien ist gemeinsam, dass sie zumeist einen umfassenden Bereich von Verhalten zusammenfassen. In diagnostischer Hinsicht machen sie das Leben scheinbar einfacher, denn hat man die zu beurteilende Person erst einmal einem Typus zugeordnet, dann weiß man ja, wie man mit diesem Menschen zu verfahren hat. Doch in Bezug auf Personaldiagnostik ist Vorsicht angebracht: Typologisierungen sind genau die Form von Diagnostik, die Wahrnehmungsverzerrungen, wie sie auf den Seiten zuvor ausführlich beschrieben wurden, geradezu provozieren!

Typologien sind nichts weiter als Wahrnehmungsschubladen und nur manchmal praktikabel. Wurde eine Person erst einmal in eine dieser Schubladen gesteckt, wird sie es schwer haben, dort wieder hinaus zu gelangen. Es kann in bestimmten Situationen, z. B. in Trainings, dennoch hilfreich sein, mit Typologien zu arbeiten. Sie können Ihnen helfen, in unbekanntem Terrain zu navigieren und Ihr Verhalten besser zu steuern.

Denn Typologien geben uns ein erstes Raster, an dem wir unsere Wahrnehmung festmachen können. Sofern wir z. B. Kundentypologien kennen gelernt haben, können wir zumindest versuchen, unsere Strategien diesen verschiedenen Kundentypen anzupassen – auch wenn wir irgendwann erkennen, dass diese Kundentypen in der so stereotypisierten Form gar nicht vorkommen.

Wie Sie Ihre Menschenkenntnis verbessern

Wie kann man die Fähigkeit schulen, andere Menschen im betrieblichen Umfeld besser einzuschätzen?

Widerlegen statt bestätigen

Die zu Beginn dieses Kapitels beschriebenen Mechanismen können im ungünstigen Fall dazu führen, dass Sie Menschen aufgrund bestimmter Charakteristika vorverurteilen, oder dass Sie sie verzerrt wahrnehmen und dann Ihre gesamte Beurteilung auf unbewiesene Hypothesen stützen. Was können Sie dagegen tun?

Eine in der Literatur zur psychologischen Eignungsdiagnostik vorgeschlagene Strategie ist, nach Fakten zu suchen, die Ihre Vorstellungen von dem Bewerber oder der Bewerberin widerlegen.

Haben Sie z. B. sehr schnell den Eindruck gewonnen, die Bewerberin sei wenig durchsetzungsstark, vielleicht durch ein zunächst zurückhaltendes Auftreten oder einige linkische Bemerkungen, oder der Bewerber sei sehr strategisch denkend, dann könnten Sie versuchen, diesen ersten Eindruck gezielt zu hinterfragen – ihn zu widerlegen. Besonders wichtig ist dies, wenn Sie schon sehr früh im Beurteilungsverfahren negative Eindrücke gewonnen haben.

Allerdings setzt das voraus, dass Sie sich dieser Eindrücke bewusst werden. Eine Möglichkeit ist z. B., einen strukturierten Interviewbogen zu verwenden, der bestimmte Spalten für erste Eindrücke vorsieht, die Sie in den ersten Minuten des Beurteilungsgesprächs ausfüllen. Die Strategie ist nun, im Gespräch gezielt nach Informationen zu suchen, die diese Eindrücke widerlegen. Eine solche Strategie nennt sich auch Falsifikationsstrategie.

Die richtige Methodik

In der professionellen Eignungsdiagnostik werden strukturierte Interview- und Beobachtungsbögen verwendet. Informationen aus den Beobachtungssequenzen werden mitgeschrieben, im Idealfall werden die Beobachtungen von mehreren Personen durchgeführt und anschließend diskutiert.

Das hat den einfachen Grund, dass im Rahmen eines Auswahlgesprächs oder eines Assessment-Centers eine Unmenge an Informationen auf Sie einströmt, die Sie zudem in vernünftiger Weise bewerten sollen. Kein Mensch kann all das im Kopf behalten, geschweige denn über eine längere Zeit erinnern.

Wenn Sie sich allein auf Ihre Erinnerung verlassen, treten Effekte auf, wie sie oben bereits beschrieben wurden. Der Gebrauch von strukturierten Instrumenten führt zu mehr Transparenz und zu einer höheren Güte Ihrer Entscheidung oder Einschätzung.

Aneignen von Konzepten

Auf einen kurzen Nenner gebracht: Sie sollten wissen, nach was Sie suchen, bevor Sie loslaufen. Eine beliebte Übung in Seminaren zur Eignungsdiagnostik ist es, die Teilnehmer getrennt voneinander aufschreiben zu lassen, was sie z. B. unter dem Begriff Durchsetzungsfähigkeit oder strategisches Denken verstehen und an welchen konkreten Verhaltensweisen sie diese Merkmale bei einem Menschen festmachen.

Es ist erstaunlich, welch unterschiedliche Konzepte dort genannt werden! Und dies, obwohl in unseren Trainings zumeist Teilnehmer und Teilnehmerinnen sitzen, die sich mit dem Thema Personal und damit mit der Aufgabe andere Menschen einzuschätzen von Amts wegen beschäftigen.

Nun geht unser Plädoyer nicht dahin, dass sich alle Personaler exakt die gleichen Konzepte zu den im Rahmen von Personalauswahl oder Mitarbeitereinschätzung verwendeten Soft Skills machen. Aber sie sollten über detailliertere Kenntnisse verfügen als Menschen, deren Kernaufgabe es nicht ist, andere zu beurteilen.

Dies gilt nicht nur für Personaler, sondern auch für Führungskräfte. Hilfreich wird dies nicht nur im Rahmen der Personalauswahl sein, sondern auch bei Zielvereinbarungsprozessen, bei der Personalentwicklung oder wenn es darum geht Mitarbeiter zu beurteilen.

Was man nicht kennt, kann man auch nicht beobachten. Wenn Sie noch nie etwas von Persönlichkeitskonstrukten wie Frustrationstoleranz oder Ambiguitätstoleranz gehört haben, werden Ihnen diese Kategorien auch im Auswahlverfahren nicht präsent sein, Sie werden sie einfach nicht sehen. Dies gilt gleichermaßen für die beschriebenen Soft Skills, angefangen bei strategischem Denken bis hin zu Selbstmanagement.

Folgerungen für die Praxis

Die in diesem Kapitel beschriebenen Mechanismen sind z. T. schwer zu umgehen. Es kann auch nicht das Ziel sein, sich zu 100 % selbst kontrollieren zu wollen, seine Wahrnehmung also permanent auf den Prüfstand zu stellen.

Machen Sie es sich stattdessen einfach: Nutzen Sie die im folgenden Kapitel skizzierten Tools, und viele der genannten Probleme werden sich zwangsläufig verringern. Verschwinden werden sie dadurch allerdings nie.

Zusammenfassung

DIE WICHTIGSTEN BOTSCHAFTEN
FÜR SIE ZUSAMMENGEFASST:

Unsere Wahrnehmung wird geleitet durch eine Vielzahl von Eindrücken, subjektiven Theorien, Vorannahmen. Die Gating-Theorie sowie die Dissonanztheorie beschreiben, wie unsere Wahrnehmung z. B. durch Vorannahmen über die zu beurteilende Person in bestimmte Richtungen gelenkt wird. Insbesondere die Dissonanztheorie erklärt, warum wir sogar Wahrnehmungen uminterpretieren, um Eindrücke nicht in Widerspruch geraten zu lassen mit einmal getroffenen Beurteilungen über einen Bewerber. Diese Phänomene jedoch sind normal und lassen sich durch ein geeignetes Beurteilungs-Instrumentarium in Teilen in den Griff kriegen (leider nie vollständig).

Auch unser Gedächtnis funktioniert nicht nach objektiven Kriterien. Es reorganisiert die Informationen, erinnert selektiv, verdrängt. Die in den letzten Jahren gewachsene Kenntnis über diese Arbeitsweise unseres Gedächtnisses hat u. a. dazu geführt, dass Augenzeugenberichte vor Gericht einen deutlich geringeren Stellenwert haben als früher. In der Bewerbungssituation hilft ein geeignetes Instrumentarium, wie es in Kapitel „Tools zur Beurteilung von Menschen" skizziert wird, um diese Effekte abzumildern.

Als Attribution bezeichnet man den Vorgang der Verhaltenserklärung. Sofern ein bestimmtes Verhalten – eine Bewerberin verhält sich in einer bestimmten Phase des Bewerbungsgespräches z. B. sehr ungeschickt – durch die vermutete Eigenschaft Selbstunsicherheit erklärt wird, ist das ein Vorgang, der sich Attribution nennt. In der psychologischen Forschung wurden eine Vielzahl von sog. Attributionsfehlern bzw. Attributionstendenzen beschrieben, die unabhängig von dem zu beurteilenden Bewerber unsere Art der Verhaltenserklärung beeinflussen. So beschreibt z. B. der „fundamentale Attributionsfehler", dass Beurteiler generell dazu neigen, den Personenfaktor in der Erklärung zu hoch zu gewichten. Also eine beobachtete Situation (der Bewerber hat mehrfach die Stelle gewechselt) tendenziell durch Faktoren des Bewerbers zu erklären (mangelnde Konstanz, Karrieredenken) als durch Situations-faktoren (wirtschaftliche Lage, Vorgesetzte).

Soft Skills sind alltagsnahe Beurteilungskategorien, die nur in Teilen mit psychologisch beforschten Aspekten zu tun haben. Niemand hindert einen Personalberater daran, einen höchst innovativen Soft Skill zu er-finden, der sich Diversity-Management nennt, und der letztendlich ein Konglomerat aus Team-, Konflikt- und Kommunikationsfähigkeit dar-stellt. Aus diesem Grunde sind Soft Skills auch keine erklärenden, sondern nur beschreibende Variablen. Psychologische Konstrukte (z. B. Ambiguitätstoleranz, Frustrationstoleranz) sollen dagegen Verhalten auf einer sehr viel tieferen Ebene erklären.

Sofern Sie Ihre Menschenkenntnis optimieren möchten, sollten Sie sich

- über die Mechanismen Ihrer eigenen Wahrnehmung klar werden,
- Methoden der Beurteilung verwenden, die dazu geeignet sind, die beschriebenen Wahrnehmungs- und Interpretationseffekte zu mini-mieren.

Tools zur Beurteilung von Menschen

Das Resümee des vorangegangenen Kapitels könnte folgendermaßen lauten: Menschen sind alles andere als objektive Informationsverarbeiter. Sie hören nur das, was sie hören wollen, und sofern sie doch Dinge zur Kenntnis nehmen müssen, die nicht zu ihren Vorannahmen oder Auffassungen passen, werden sie passend gemacht. Erschwerend kommt hinzu, dass auch die eigene Erinnerung nicht zuverlässig ist.

In diesem Kapitel lernen Sie Techniken zur Informationserhebung, Frage- und Interviewtechniken sowie strukturierte Leitfäden, Checklisten und Beurteilungsbögen kennen. Das wird Ihnen helfen, die üblichen Effekte der Wahrnehmungsverzerrung und Missinterpretation weitgehend zu umgehen, sie zumindest deutlich zu verringern.

Im Zentrum dieses, wie auch schon des vorangegangenen Kapitels wird die Personalauswahl stehen. Die meisten der auf den nächsten Seiten beschriebenen Tools lassen sich aber problemlos in den normalen Führungsalltag übertragen.

Die folgenden Fragen sollen in diesem Kapitel geklärt werden:

- Nach was wird im Gespräch oder Auswahlverfahren gesucht? Genauer: Welche Eigenschaften, soziale Kompetenzen soll der Bewerber oder die Bewerberin aufweisen?
- Welche Techniken können Sie anwenden, um die gesuchten Informationen zu erhalten?
- Wie können Sie die Informationen bewerten?

Was können Bewerbungsunterlagen sagen?

Der erste Eindruck, den man von einem Bewerber gewinnt, entsteht meist über den Weg der Bewerbungsunterlagen. Sie sollten die Wirkung auf den ersten Eindruck nicht unterschätzen, wenn Sie z. B. eine unvollständige Bewerbungsmappe in den Händen zu halten. Oder eine Mappe, in der bestimmte Aspekte ungeschickt formuliert sind. Auch mit diesen ersten Eindrücken hinsichtlich der Bewerbungsunterlagen sollten Sie professionell umgehen.

Selbst, wenn es an anderen Stellen anders beschrieben sein mag: Bis heute existiert, abgesehen von fachlichen Kriterien, kein allgemeingültiges und vor allem richtiges Verfahren, Bewerbungsunterlagen sinnvoll zu sortieren bzw. auszusortieren.

Wie häufig darf ein Bewerber die Stelle gewechselt haben, was ist zu tun bei fehlenden Zeugnissen oder wenn das Foto nicht zusagt? Wofür spricht es, dass eine Bewerberin ein Unternehmen bereits nach einem Jahr in gegenseitigem Einverständnis wieder verlassen hat?

Auch hier bieten findige Autoren Ratgeber wie Bewerbungsunterlagen professionell analysieren an, in denen allgemeingültige Erkenntnisse vermittelt werden sollen. Es gibt sicherlich einige generelle Hinweise, wie Bewerbungsunterlagen interpretiert werden können, insbesondere typische Warnsignale, die wir Ihnen nicht vorenthalten werden. Allerdings sind sie darüber hinaus auf sich gestellt.

Sie sollten selbst wissen, wen Sie suchen, und mit welchen Fähigkeiten der Bewerber oder die Bewerberin ausgestattet sein soll. Dies ist immer noch der wichtigste Ankerpunkt für die Analyse von Unterlagen. Warnsignale, wie wir Sie im Folgenden aufzählen, sollten Sie im Bewerbungsgespräch oder bei einem telefonischen Vorab-Interview lediglich dazu anhalten, das Warum zu erfragen.

Möglicherweise gibt es eine gute Erklärung für die angesprochenen Punkte, möglicherweise aber auch nicht. Machen Sie es sich aber zur Regel, alles, was Ihnen eigenartig vorkommt, im Gespräch zu thematisieren.

TYPISCHE WARNSIGNALE IN BEWERBUNGSUNTERLAGEN

Fehlende Zeugnisse,

frühe Nennung von Referenzen,

ungewöhnliche Kündigungstermine,

nur Jahreszahlen im Lebenslauf vorhanden,

Formulierung in Zeugnissen wie „im gegenseitigen Einvernehmen",

extrem langes Anschreiben,

offensichtlich falsche Datumsangaben.

Was ist nun ein praktikables Vorgehen, wenn Sie Bewerbungsunterlagen analysieren? Angenommen, Sie haben für den Posten eines Controllers mehrere Kandidaten und Kandidatinnen aufgrund der Bewerbungsunterlagen identifiziert.

Nehmen Sie sich diese Bewerbungsunterlagen zur Hand, um sie nach folgendem einfachen Schema zu bearbeiten: Teilen Sie ein Blatt Papier senkrecht in zwei Hälften und schreiben in die linke Spalte Beobachtung/Fakt und auf die rechte Seite Hypothese/Folgerung.

Sie arbeiten jetzt die Bewerbungsunterlagen durch und notieren links die Ihnen auffallenden Punkte. Dies können Lücken im Lebenslauf sein, Rechtschreibfehler im Anschreiben, ein schlechtes Foto, nur mäßige Abiturnoten. Diese Punkte können es sein, die Ihre Wahrnehmung unwillkürlich in eine bestimmte Richtung lenken – denken Sie an die im vorangegangenen Kapitel beschriebene Gating-Theorie.

Um dies zu vermeiden, schreiben Sie rechts die subjektiven Theorien/Hypothesen auf, die Ihnen dazu in den Sinn kommen. Sie machen z. B. die Beobachtung: Rechtschreibfehler. Die dazu gehörende Hypothese könnte lauten: Ungebildet, nachlässig? Machen Sie es sich zur Regel, jeden der aufgeführten Punkte im tatsächlichen Interview zu erfragen bzw. zu überprüfen.

Der beste Weg, zu einer möglichst unbeeinflussten Informationsaufnahme zu kommen ist, alle impliziten Theorien und Voreingenommenheiten sichtbar und transparent zu machen. Schon bei der Durchsicht der Bewerbungsunterlagen sollten Sie damit beginnen.

Jüngst wurde uns in einem Bewerbungsverfahren, es handelte sich um ein Einzel-Assessment, das wir als externe Berater für einen Klienten von Kienbaum durchführten, wieder bewusst, wie wichtig ein solches Vorgehen ist. In der Bewerbungsunterlage beschrieb sich der Kandidat in besonders hervorgehobenen Lettern als ehrlich, fleißig, leistungsbewusst und belastbar.

Die Führungskraft des einstellenden Unternehmens, die mit uns zusammen als interner Beobachter den Tag gestalten sollte, mokierte sich insbesondere über die Worte ehrlich und fleißig. „Wie kann sich denn jemand für eine solche gehobene Position als ehrlich und fleißig bezeichnen, da brauchen wir Leute mit Rückgrat!"

Ohne Zweifel bestand aufgrund der Selbstbeschreibung des Kandidaten eine negative Voreingenommenheit der Führungskraft. Als derjenige, der das Interview führte, fragte ich direkt nach diesen Beschreibungen. Wir bekamen zur Antwort, dass die Beschreibung ehrlich für den Kandidaten vor allem wegen eines vergangenen Ereignisses Bedeutung hatte:

Der Kandidat hatte – wie auch dem Lebenslauf zu entnehmen war – vor einigen Jahren bei einem bekannten Finanzdienstleister gearbeitet, der damals durch krumme Machenschaften der Vorstandsetage in die Schlagzeilen geriet. Deshalb hatte der Kandidat offensichtlich das Bedürfnis, diesen Aspekt zu betonen. Mit Rückgrat ja oder nein hatte die ganze Sache also überhaupt nichts zu tun.

Richtig fragen

Der entscheidende Schritt im Prozess der Beurteilung eines Bewerbers/einer Bewerberin oder eines Mitarbeiters ist Informationen zu gewinnen. Zunächst müssen Sie etwas wissen, um überhaupt bewerten zu können. Im Bewerbungsverfahren ist dieser Schritt in aller Regel ein ausführliches Bewerbergespräch.

Die Güte der Gesprächstechniken bestimmt, wie reichhaltig und relevant die Informationen sind, die Sie anschließend zur Beurteilung des

Bewerbers oder der Bewerberin zur Verfügung haben. Und hier ist immer wieder festzustellen, dass die Kenntnisse von Führungskräften über professionelle Gesprächsführung erhebliche Lücken aufweisen.

Effekte wie Attributionsfehler oder Erinnerungsverzerrungen, die im vorangegangenen Kapitel ausführlich beschrieben wurden, sind damit vorprogrammiert. Je weniger aussagekräftig die Informationen sind, die Sie über einen Bewerber oder eine Bewerberin im Gespräch erhalten – z. B. infolge einer mangelhaften Fragetechnik –, desto mehr wird auch die Bewertung der Information auf Mutmaßungen beruhen.

Es gibt hier zwei grundlegende Aspekte: Sie müssen wissen, nach was Sie im Gespräch suchen und Sie sollten eine Fragetechnik beherrschen, die es Ihnen erlaubt, diese gesuchten Informationen auch tatsächlich zu erfragen.

▪ Nach was oder wem suchen Sie eigentlich?

Nach was suchen Sie eigentlich in einem Bewerbergespräch? Sicherlich nach Kriterien, die Ihnen sagen: „Diejenige Kandidatin ist geeignet, die andere Kandidatin dagegen nicht". Zu diesen Kriterien gelangen Sie über ein einfaches Schema, das sich in der Kienbaumpraxis bewährt hat. Wir möchten Ihnen diese Technik im Folgenden vorstellen.

Das Vorgehen heißt Anforderungsanalyse. Es soll dazu dienen, die gesuchten Aspekte – an denen Sie letztlich festmachen, ob ein Kandidat geeignet ist oder nicht – so genau als möglich zu bestimmen. Sie gelangen bei der Anforderungsanalyse in drei Schritten zum Ziel: Formulieren Sie in Schritt eins die Positionsziele, dann in Schritt zwei die Kernaufgaben und in Schritt drei das sich daraus ableitende „Können und Wollen" der Kandidaten.

Das Können bezeichnet die Fähigkeiten, die Soft Skills sowie fachliche Aspekte. Das Wollen bezeichnet motivationale Voraussetzungen, die für manche Positionen nicht unwichtig sind. Üblicherweise sind in Stellenanzeigen – wie jeden Samstag z. B. in der „FAZ" oder der „ZEIT" nachzulesen – die genannten Aspekte immer bunt gemischt.

Können, Wollen, Kernaufgaben und Positionsziele werden zu einem kunstvollen Konglomerat verwoben. Für Bewerber und Bewerberinnen ist dies allerdings nicht immer vorteilhaft. Oft bleibt tatsächlich im Dunkeln, was genau der Sinn und Zweck der ausgeschriebenen Position ist. Im nächsten Kasten finden Sie ein kurzes, anschauliches Beispiel.

Es soll ein Leiter/eine Leiterin für den Bereich Personalentwicklung eines großen Unternehmens gesucht werden. Für den Arbeits- bzw. Verantwortungsbereich dieser Position werden die angesprochenen Aspekte Ziele, Kernaufgaben, Können und Wollen abgeleitet.

BEISPIEL EINER ANFORDERUNGSANALYSE

Position: Leiter/Leiterin Personalentwicklung

Positionsziele: a) Sicherstellung einer professionellen Steuerung des Bereichs Personalentwicklung, b) Unterstützung des Personalleiters/der Personalleiterin in Fragen der strategischen Personalentwicklung.

Kernaufgaben: U. a. Steuerung der Mitarbeiter/Mitarbeiterinnen des Bereichs Personalentwicklung, Verantwortung für das gesamte Entwicklungsbudget, Verhandlung mit externen Bildungsanbietern, Aufbau und Pflege eines Bildungscontrolling, Einbindung der Führungskräfte in das Entwicklungsprogramm, Durchführung von Seminarevaluation usw.

Können und Wollen: Versteht es, Mitarbeiter zu motivieren. Kann Verhandlungen in seinem/ihrem Sinne steuern. Verfügt über Kontaktorientierung, kann auch zu schwierigen Gesprächspartnern partnerschaftliche Beziehungen herstellen. Verfügt über statistisches Grundwissen. Möchte gestalten, aufbauen, sich auch gegen Widerstände durchsetzen. Versteht es, Szenarien für eine strategische Entwicklung des Faktors Personal zu entwerfen usw.

Unter „Können und Wollen" steht eine möglichst vollständige Auflistung dessen, was sich aus den Kernaufgaben tatsächlich an Skills ableiten lässt. In diesem Beispiel wären Sie mit der Aufzählung daher gerade erst am Anfang.

Das „Können und Wollen" ist es, nach dem Sie in einem Bewerbergespräch vorrangig suchen. Und sofern Ihnen nicht genau klar ist, was dieses Können und Wollen eigentlich ist, wird Ihr Bewerbergespräch einem Stochern im Nebel gleichen. Sie stellen irgendwelche Fragen, wissen aber mit den Antworten der Bewerber nichts Richtiges anzufangen.

Welche Fragetechniken gibt es, um einen solchen Blindflug vermeiden zu können? Die Antwort darauf wird Ihnen der folgende Abschnitt geben.

Richtig Fragen

Bei Führungskräften ist ein ganzes Set an Standardfragen beliebt, z. B. die Frage: „Was sind Ihre Stärken und Schwächen?" Genau diese Frage ist diagnostisch gesehen absoluter Nonsens. Was soll ein Bewerber darauf sinnvoll antworten und vor allem, was machen Sie mit der Information? Zudem gibt es im Buchhandel inzwischen Literatur mit Titeln wie „Die 101 wichtigsten Fragen im Bewerbergespräch und wie Sie darauf antworten", die sich ausgiebig mit diesen tatsächlich gestellten Standardfragen auseinandersetzen.

Tatsächlich kann sich ein Bewerber, eben weil solche Standardfragen häufig gestellt werden, auf ein Bewerbergespräch mit entsprechenden Antworten präparieren. Auch für Positionen auf höherer Ebene ist diese Vorbereitung auf Standardfragen prinzipiell möglich. Die Folge ist, dass Sie über die Bewerber im Interview nur wenig erfahren – eine denkbar schlechte Ausgangsbasis für eine treffende Einschätzung.

Beliebt sind auch so genannte Szenarienfragen wie z. B. „... stellen Sie sich vor, Sie befinden sich in einem Konflikt mit einem Kollegen. Der Kollege hat den Chef bereits über Ihre Differenzen unterrichtet. Sie treffen nun den Kollegen auf dem Gang zur Kantine im Gespräch mit dem Chef, was sagen Sie?" Solche Fragen haben nachgewiesenermaßen einen sehr geringen diagnostischen Wert.

Dabei ist es eigentlich sehr einfach: Ihre Fragen sollten zu möglichst verhaltensnahen Beschreibungen der Bewerber oder Bewerberinnen führen. Denn berichtetes Verhalten ist in jedem Fall die beste Basis für eine Beurteilung – unabhängig davon, ob die Antworten mit der Technik des Induktionsschlusses, des Analogieschlusses oder der Verallgemeinerung bewertet werden.

Sehen Sie dazu ein Beispiel:

Sie interessieren sich dafür, wie eine Bewerberin mit Konflikten umgeht. Das ist für Sie deshalb interessant, weil die Bewerberin in Zukunft häufig mit emotional geladenen Situationen konfrontiert wird oder weil sie sich womöglich in ein Team integrieren soll, das in seiner Zusammensetzung nicht unkritisch ist.

Sie stellen jetzt eine Eingangsfrage, die in das Themengebiet führt und die Bewerberin dazu bringt, zu diesem Themenbereich etwas zu berichten. Dies könnte z. B. die Frage sein: Frau Herrmann, Sie haben ja bereits ausgiebige Erfahrung in der Projekt- und Gruppenarbeit. Welche typischen Konflikte treten denn in solchen Situationen auf?.

Die Bewerberin wird nun aus ihrer Erinnerung bzw. Erfahrung Ereignisse berichten, die womöglich aber noch sehr abstrakt gehalten sind. Womöglich sind die berichteten Ereignisse auch noch mehr Geschichten als verhaltensnahe Beschreibungen. Im nächsten Schritt müsste der Interviewer durch weitere Fragen vertiefen.

Solche Fragen könnten sein: „Wie verhalten Sie sich denn in Situationen, wie Sie sie eben geschildert haben?", und „Wie denken Sie, werden Sie von Kolleginnen und Kollegen hinsichtlich der Aspekte der Emotionalität beurteilt?" und „Was denken Sie, können Sie hier noch lernen?"

Derart vertiefende Fragen führen fast zwangsläufig dazu, dass die berichteten Details konkreter, greifbarer und verhaltensnäher werden. Und genau danach suchen Sie: nach möglichst konkreten Beschreibungen vergangenen bzw. aktuellen Verhaltens. Der nächste Abschnitt zeigt die Systematik der eben geschilderten Fragetechnik in detaillierter Form.

■ Systematik der Fragetechniken

Die hier vorgestellte Fragetechnik soll bewirken, dass Sie möglichst konkrete Verhaltensbeschreibungen über vergangenes bzw. normales Verhalten des Bewerbers/der Bewerberin erhalten. Die Technik besteht aus zwei Schritten: In Schritt eins wird eine Einstiegsfrage formuliert, die zunächst in den Bereich führt, über den Sie etwas wissen wollen. Im zweiten Schritt werden dann die Informationen, die Ihnen der Bewerber im ersten Schritt gegeben hat, vertiefend hinterfragt.

Die folgenden beispielhaften Einstiegsfragen sind nach typischen Bereichen der sozialen Kompetenz geordnet:

FÜHRUNGSKOMPETENZ

Aufgrund welcher Überlegungen geben Sie Aufgaben an Ihre Mitarbeiter weiter? Wie coachen Sie Ihre Mitarbeiter? Wie sieht so ein Coachingprozess bei Ihnen aus? Wie steuern Sie Ihre Mitarbeiter? Wie motivieren Sie Ihre Mitarbeiter? Wie fördern Sie gezielt Ihre Mitarbeiter?

ÜBERZEUGUNGSKRAFT

Wie überzeugen Sie andere – auch gegen Widerstand – von Ihren eigenen Ideen? Wie überzeugen Sie Kunden von Ihren Produkten? Welche erfolgreichen Überzeugungssituationen haben Sie bisher gemeistert? Wie bereiten Sie sich auf eine schwierige Verhandlung vor? Warum würde man über Sie sagen, dass es Ihnen sehr gut gelingt, andere zu überzeugen?

DURCHSETZUNGSVERMÖGEN

Wann und wie haben Sie bereits eigene Vorstellungen gegen Widerstand durchgesetzt? Wie sehen Sie andere Menschen hinsichtlich Kooperation versus Durchsetzung? Wie kann man Ihrer Meinung nach auch mit geringer Durchsetzungsstärke eigene Ideen durchsetzen? Wie verhindern Sie es, dass Sie als dickköpfig wahrgenommen werden? Wie würden Sie sich persönlich hinsichtlich Durchsetzungsstärke beschreiben?

TEAMORIENTIERUNG

Welche Aufgaben bearbeiten Sie gern allein und welche lieber im Team? Wie stehen Sie zu Projektarbeit – was sind Vorteile, was eher Nachteile? Mit welchen Typen von Personen können Sie besonders gut zusammenarbeiten? Warum? Welche Erfahrungen haben Sie bereits mit Teamarbeit gemacht? Welche Rolle nehmen Sie in der Zusammenarbeit ein? Wie würden Sie andere im Hinblick auf Zusammenarbeit beschreiben?

EINFÜHLUNGSVERMÖGEN

Wie würden Sie andere hinsichtlich ihres Einfühlungsvermögens beschreiben? Was tun Sie, wenn Sie feststellen, dass nicht mehr sachlich, sondern eher emotional argumentiert wird? Woran erkennen Sie, dass andere sich von Ihnen verstanden fühlen? Worauf achten Sie bei der Körpersprache Ihrer Gesprächspartner? Warum wendet man sich bei Problemen gern an Sie?

KONFLIKTFÄHIGKEIT

Wie gehen Sie mit Konflikten um? Wie beheben Sie Konflikte im Team? Warum wehren sich Mitarbeiter fast immer bei der Einführung von Veränderungen oder Neuerungen? Wie sorgen Sie für eine möglichst konfliktfreie Zusammenarbeit? Wann sind Meinungsverschiedenheiten und Konflikte zielführend? Wann nicht?

KONTAKTSTÄRKE

Wie bauen Sie in Gesprächen eine vertrauensvolle und angenehme Atmosphäre auf? Wie sind die Beziehungen zu Ihren Arbeitskolleginnen und -kollegen? Wie wollen Sie für Ihre Karriere wichtige Kontakte knüpfen und halten? Wie beginnen Sie mit fremden und dennoch für Sie wichtigen Personen ein Gespräch? Welche Freizeitinteressen haben Sie?

In Schritt zwei versuchen Sie nun die Informationen, die Ihnen der Bewerber/die Bewerberin im Rahmen der Antwort gibt, weiter zu hinterfragen, zu vertiefen. Dies geschieht durch selbstreflektorische Fragen.

Beispiele für vertiefende Fragen sind:

Themenfeld Lernen

Was haben Sie aus diesem Vorfall gelernt? Wie würden Sie heute mit der Situation umgehen?

Persönliche Priorität

Was würden Sie einem Kollegen raten, der in einer gleichen Situation steckt? Was denken Sie ist zentral, wenn man eine solche Situation meistern möchte?

Wahrgenommenes Fremdbild

Wie wurden Sie damals von Ihren Teammitgliedern wahrgenommen Wie hätten diesen Vorfall, diese Situation die anderen Beteiligten damals beschrieben? Wie werden Sie denn sonst von Kollegen und Kolleginnen hinsichtlich des Aspekts X beschrieben?

Vertiefende Fragen sind vom Prinzip her sog. „selbstreflektorische" Fragen, die den Befragten zwingen, über die Situation, über eigene Verhaltensweisen nachzudenken. Ein willkommener Nebeneffekt ist, dass die Chance für Bewerber, aus sozialer Erwünschtheit heraus bestimmte Dinge zu erfinden mit zunehmender Frageintensität geringer wird.

Denn auf abstrakter Ebene ist es insbesondere für eloquente Personen leicht, plausible Geschichten zu erzählen, auch ohne die Situationen wirklich erlebt zu haben. Aber je konkreter Sie werden, je mehr konkrete Verhaltensbeschreibungen Sie durch Ihre Fragen provozieren, desto höher ist die Wahrscheinlichkeit, dass die geschilderten Situationen einigermaßen wahre Verhaltensweisen betreffen.

In Trainings, die wir regelmäßig für Klienten von Kienbaum zu dem Thema Interviewtechniken für die Personalauswahl durchführen, werden selbst Skeptiker hinsichtlich dieses Punkts überzeugt, nachdem sie sich selbst einem solchen Interview gestellt haben. Ein klug geführtes Interview zwingt einen Interviewten konkret und verhaltensnah zu schildern.

Um es noch einmal festzuhalten: Mithilfe der beschriebenen Fragetechniken, wird es Ihnen gelingen, zu den Bereichen, die Sie interessieren, möglichst verhaltensnahe Beschreibungen zu erhalten. Diese Beschreibungen müssen Sie nun mit den Anforderungen für die zu besetzende Position abgleichen.

Idealerweise benutzen Sie dazu einen strukturierten Interviewleitfaden, der die zu erfragenden Kriterien übersichtlich aufbereitet enthält und mit einem einfachen Bewertungsschema gekoppelt ist. Die folgende Abbildung enthält einen Ausschnitt aus einem solchen Leitfaden.

Merkmal: Konfliktfähigkeit

Einstiegsfragen

Schildern Sie uns bitte eine berufliche Konfliktsituation, in die Sie involviert waren.

- Wie sind Sie vorgegangen, um diesen Konflikt u. U. zu lösen?

Wie glauben Sie, gehen/gingen die meisten Ihrer Kollegen mit Meinungs-verschiedenheiten und Konflikten um?

- Was würden Sie diesen Kollegen raten, um evtl. besser mit konfliktären Situationen umzugehen?

Wann sind Meinungsverschiedenheiten und Konflikte zielführend? Wann nicht?

Wie sorgen Sie für eine möglichst konfliktfreie Zusammenarbeit?

Verhaltensanker	-	∅	-
■ Lässt sich auch bei persönlichen Angriffen nicht aus dem Gleichgewicht bringen.			
■ Erkennt die Vielschichtigkeit von Konflikten, z. B. die verschiedenen Ebenen, in denen Konflikte angesiedelt sein können.			
■ Verfügt über verbale Strategien, in Konfliktge-sprächen Probleme zu erfragen, den Standpunkt der Gegenseite zu ermitteln.			
■ Erkennt die unterschiedlichen Interessen von Konfliktparteien.			
■ Trägt Konflikte aus, neigt nicht zu einer Unter-drückung von Konflikten im Sinne von Harmonie.			

Durchschnittliche Gesamtbewertung	

Erläuterungen

Abbildung: Leitfaden

Wie Sie anhand der Bewertungskriterien in dem Beispiel sehen, ist es vielleicht nicht immer ganz einfach, diese zu erfragen. Sie können natürlich im Gespräch nach vielen wichtigen Kriterien fragen und wenn Sie dies geschickt tun, erhalten Sie sicher auch eine Menge wertvoller Informationen. Dennoch ist erfragen etwas prinzipiell anderes als beobachten.

Wir konnten in ganztägigen Auswahlverfahren häufig beobachten, dass sich das, was die Kandidaten etwa zum Thema Führung von sich berichteten, deutlich von ihrem wirklichen Verhalten unterschied, das sie nachher in einer Simulation, z. B. in einem simulierten Mitarbeiter- oder Kollegengespräch, zeigten!

Typisch ist z. B. Folgendes: Im Interview zu Beginn des Tages stellt sich der Kandidat – durchaus überzeugend – als ein sehr mitarbeiterorientierter, kooperativer Gesprächspartner dar. In der am Nachmittag stattfindenden Simulation eines Mitarbeitergesprächs bekommt der Beobachter dagegen den Eindruck, der Kandidat verhalte sich äußerst autoritär, herrisch und kompromisslos.

Die Selbstbeschreibung und die Fremdbeobachtung klaffen häufig eklatant auseinander. Eine solche Fremd-Selbstbild-Diskrepanz kann man nur erkennen, wenn tatsächlich beobachtet und nicht nur gefragt wird. Der nächste Abschnitt beschäftigt sich deshalb ausführlich mit dem Thema der Beobachtung.

Richtig beobachten

Das Einstellungsinterview ist sicher die klassische Form der Bewerberauswahl. Und es ist verständlich, dass man nicht zu Gunsten eines anderen Verfahrens auf ein intensives Gespräch verzichten möchte. Aber auch im Rahmen von Assessment-Centern findet als einer der Bausteine zumeist ein ausgiebiges Interview statt. Die Übungen eines Assessment-Centers können ein Gespräch eben nicht vollkommen ersetzen.

Ähnliches gilt auch umgekehrt: Verhaltensweisen in einem Interview zu erfragen, ersetzt nicht sie zu beobachten, wie z. B. im Assessment-Center. Somit ist ein Einstellungsinterview, in dem nur erfragt und nicht beobachtet wird, verglichen mit einem Assessment-Center, in dem sowohl ein Interview stattfindet als auch beobachtet wird, in diagnostischer Hinsicht etwas im Hintertreffen. Allerdings hängt es von der zu besetzenden Position ab, ob ein aufwändigeres Verfahren wie ein Assessment-Center wirklich sinnvoll ist.

Die Beobachtung in einem Assessment-Center erfolgt im Rahmen von Simulationen, in denen sich Verhaltensbereiche widerspiegeln, die für die zu besetzende Position relevant sind. Für Führungspositionen sind in aller Regel analytische und strategische Fallstudien und Simulationen zu Mitarbeiter- und Kollegengesprächen üblich, für vertriebsbezogene Tätigkeiten auch alle Varianten von Kunden- und Verkaufsgesprächen sowie Präsentationsübungen.

In Assessment-Centern, die mit Gruppen durchgeführt werden, gibt es eine Reihe von typischen Gruppenübungen. Es ist das Ziel der Beobachter, in den Übungen ein möglichst breites Verhaltensspektrum zu Gesicht zu bekommen, das zudem einen Abgleich zwischen den im Interview erfragten Gesichtspunkten mit den beobachteten Aspekten ermöglicht. Beobachtungen ersetzen also in Teilbereichen Mutmaßungen über Verhaltensweisen, die dann verzerrungsfreier eingeschätzt werden können.

Die Beobachtung bzw. Bewertung erfolgt in der Regel mittels so genannter Verhaltensanker, die möglichst wenig Spielraum für Interpretationen bieten sollen. Damit kann den bereits dargestellten Erklärungstendenzen am wirkungsvollsten begegnet werden und die Chance, mit anderen Beobachtern zu übereinstimmenden Beschreibungen zu kommen, ist sehr gut. Obwohl auf diese Weise eine möglichst hohe Präzision und Messgenauigkeit am besten gewährleistet werden kann, sind Interpretationsspielräume natürlich auch hier gegeben.

Die folgende Aufzählung zeigt Beispiele für Verhaltensanker, wie sie in typischen Simulationen, dies sind z. B. Mitarbeitergespräche, Kollegengespräche, Gruppenübungen oder analytische Fallstudien, herangezogen werden können, um ausgewählte Dimensionen zu bewerten.

Durchsetzungsvermögen
Steuert maßgeblich den Gesprächsverlauf; versteht es, Kritik klar zu äußern; lässt sich auch durch Drohungen der Gegenseite nicht von seinem taktischen Ziel abbringen; kann den eigenen Standpunkt überzeugend begründen; reagiert geschickt und selbstbewusst auf Einwände.

Konfliktfähigkeit
Spricht Kritik offen, jedoch nicht verletzend aus; argumentiert sachlich, greift auch unter Stress nicht unfair an; erkennt Chancen zu einer Kompromissfindung und arbeitet an einer gemeinsamen Lösung; neigt nicht dazu, bei Konflikten vorschnell zu harmonisieren.

Präsentationskompetenz
Tritt vor der Gruppe souverän und selbstsicher auf; reagiert auf Fragen, bezieht Zuhörer mit ein; gibt dem Vortrag eine verständliche Gliederung; spricht klar und deutlich, ist akustisch präsent; hält Blickkontakt; stellt Kernaussagen deutlich und einprägsam heraus.

Kontaktstärke
Hat die Fähigkeit, schnell zwischenmenschliche Kontakte zu knüpfen; hört aufmerksam zu, interessiert sich für die Belange anderer; kann auch mit zögerlichen Gesprächspartnern ein offenes Gespräch beginnen.

Analysevermögen
Wendet Techniken der Analyse und Entscheidungsfindung an; arbeitet prioritätenorientiert; erkennt auch Detailinformationen, ohne den Überblick zu verlieren; erkennt Vernetzungen und Abhängigkeiten zwischen den Problemfeldern.

Es ist durchaus möglich, die Verhaltensanker noch konkreter, noch aufgabenbezogener zu formulieren. Letztlich bleibt aber das Prinzip gleich: Sie lassen sich das Verhalten möglichst umfassend zeigen und machen an den tatsächlichen Beobachtungen fest, wo Sie den Bewerber/die Bewerberin hinsichtlich der Leistung sehen.

Die Bewertung bzw. Benotung erfolgt ähnlich wie Sie es in der Abbildung zuvor, dem Ausschnitt aus dem Interviewleitfaden sehen. Jeder einzelne Verhaltensanker wird auf einer Skala (von positiv bis negativ) bewertet.

Wie Sie Informationen auswerten

Noch einmal zur Erinnerung: Die angesprochenen Interview- und Beobachtungstechniken sollen dazu dienen, möglichst genaue Verhaltensbeschreibungen und Verhaltensbeobachtungen zu generieren. Dann müssen Sie die Informationen verdichten – also bewerten. Letztlich ist das, was Sie gehört oder gesehen haben, die Grundlage für Ihre Entscheidung.

Sofern Sie auf der Basis detaillierter Beurteilungskriterien, dies sind z. B. Verhaltensanker, zu einer Entscheidung kommen wollen, ist die Sache verhältnismäßig einfach. Fassen Sie die Werte Ihrer Beurteilungen, die Sie aus den verschiedenen Übungen gewonnen haben, zusammen und übertragen Sie diese in ein Leistungsprofil. Die folgende Abbildung zeigt Ihnen den Ausschnitt eines Profils wie es von Kienbaum verwendet wird.

Ein solches Profil stellt die aus den Übungen bzw. aus dem Interview gewonnenen Informationen grafisch dar. Üblich sind Profile, die ähnlich wie die in der Abbildung oben gezeigte Variante gestaltet sind. Letztlich ist man in der Form der Darstellung aber frei. Ob kreisförmig, in Ovalen oder in Form von Dreiecken: Der Informationsgehalt ist gleich.

	1	2	3	4	5	6	7

Problemlöseverhalten

Organisation/Planung	○	○	○	●	○	○	○
Analysevermögen	○	○	○	◐	●	○	○
Entscheidungsverhalten	○	○	○	◐	●	○	○
Rhetorik	○	○	○	○	●	○	○
Gesprächsführung	○	○	○	○	◐	●	○

Zwischenmenschliches Verhalten

Führung	○	○	○	●	○	○	○
Einfühlungsvermögen	○	○	○	○	◐	●	○
Teamfähigkeit/Kooperation	○	○	○	○	◐	●	○
Durchsetzungsvermögen/Überzeugungskraft	○	○	○	◐	●	○	○

Motive und Einstellungen

Flexibilität	○	○	○	●	○	○	○
Verantwortungsbewusstsein	○	○	○	○	○	●	○
Unternehmerisches/strategisches Denken	○	○	○	◐	●	○	○
Belastbarkeit/Stressresistenz	○	○	○	●	○	○	○
Leistungsmotivation	○	○	○	●	○	○	○
Ergebnis- und Zielorientierung	○	○	○	◐	●	○	○

Abbildung: Profil

Zusammenfassung

DIE WICHTIGSTEN BOTSCHAFTEN FÜR SIE ZUSAMMENGEFASST:

Zunächst sollte zu Beginn einer Bewerberauswahl eine saubere Positions- und Anforderungsanalyse durchgeführt werden. Denn sofern ein Beurteiler nicht sehr genau weiß, nach was er eigentlich suchen soll, sind Wahrnehmungs- und Interpretationseffekte – wie sie im vorigen Kapitel beschrieben wurden – vorprogrammiert.

Die dann zur Beurteilung zur Verfügung stehenden Instrumente sind das „Erfragen" und das „Beobachten". Das Erfragen geschieht im Rahmen eines strukturierten Interviews. Hier helfen spezielle Fragetechniken und Interviewleitfäden, die gesuchten Informationen auch tatsächlich zu erfragen. Das Beobachten erfolgt z. B. im Rahmen von Übungen bzw. Simulationen (Assessment-Center). Auch hier helfen strukturierte, auf Basis der Positions- und Anforderungsanalyse konstruierte Beobachtungsbögen den Beobachtern, zu einer treffenden Einschätzung zu gelangen.

Darüber hinaus ist die Güte der getroffenen Beurteilung davon abhängig, in wie weit der Beurteiler über Konzepte zur Beurteilung verfügt. Verfügt der Beurteiler nur über wenige oder sehr grobe Kategorien zur Beschreibung von Verhaltensweisen, wird er bestimmte Dinge einfach nicht sehen „können". D. h. die Güte der Beurteilung ist eng verknüpft mit der Kenntnis über das, was wir in der Beurteilungspraxis Soft Skills nennen.

Motivation

Der Begriff Motivation wird im Managementalltag zunehmend inflationär gebraucht. Aussagen mit eindeutigem Aufforderungscharakter wie „Motiviere dich selbst!", „Du musst deine Mitarbeiter mehr motivieren!" oder „Konzentriere dich auf Motivatoren und vermeide Demotivatoren!" dringen unausweichlich ans Ohr beim täglichen Unternehmensstreifzug.

Motivation ist zu einem Schlagwort der heutigen Management-Szene geworden und wird weit reichend vermarktet. Verfolgt man die Veröffentlichungen in Büchern und Zeitschriften, stellt man sehr bald fest, dass sintflutartig Modelle, Ideen und Erklärungsansätze auf den Markt geworfen werden. Motivationsgurus füllen ganze Stadien, in denen gemeinschaftlich das Motto „Du kannst alles, wenn du nur willst" in alle Richtungen gerufen wird, während die Massen gleichzeitig über glühende Kohlen laufen.

Als beliebtes Thema erweist sich Motivation auch in heutigen Führungskräfteseminaren. Führungskräfte sollen hier in zwei bis drei Tagen in die Lage versetzt werden, mit geeigneten Motivationstechniken das Letzte aus ihren Mitarbeitern herauszuholen – und das bei gleichzeitig hoher Arbeitszufriedenheit und einem guten Betriebsklima.

Die Psychologie hat sich in den letzten Jahrzehnten intensiv mit den Fragen der Arbeitsmotivation und Arbeitszufriedenheit beschäftigt. Fragen wie: Was ist Motivation überhaupt?, Welche Faktoren beeinflussen das Motiviert-Sein eines Menschen? standen im Zentrum des Interesses bei dem Versuch, möglichst einfache Erklärungsansätze und Theorien aufzustellen.

Durchforstet man jedoch die Motivationstheorien auf der Suche nach einfachen Problemlösungen, steht sehr schnell fest: Es gibt keine generell wirksamen Rezepte der Mitarbeitermotivation. Dieses Kapitel wird Ihnen deshalb keine generalisierenden Lösungen anbieten, sondern grundlegende psychologische Kenntnisse zum Thema Motivation vermitteln.

Lernen Sie Ihre spezifischen Motivationsstrukturen und die Ihrer Mitarbeiter kennen, um dann im zweiten Schritt als Führungskraft ein Umfeld zu schaffen, das motivationsfördernd ist, weil es auf den individuellen Bedürfnissen Ihrer Mitarbeiter basiert.

Dieses Kapitel wird folgende Fragen klären:

- Was ist Motivation?
- Welche Bedürfnisse hat der Mensch? Was treibt ihn tagtäglich an?
- Wie läuft Motivation ab?
- Wie können die unterschiedlichen Motivlagen erfasst werden?
- Welche Aspekte führen zur Demotivation und wie kann sie vermieden werden?
- Welche Aufgaben ergeben sich für die Führungskraft im Motivationsprozess?

Was ist Motivation?

Der motivierte Mitarbeiter rückt verstärkt, vor allem vor dem Hintergrund weit reichender Cost-Cutting-Programme in den Mittelpunkt unternehmerischen Denkens und Handelns. Motivierte, leistungsfähige und -bereite Mitarbeiter bilden die Voraussetzung für ein gesundes und wettbewerbsfähiges Unternehmen. Doch was versteht man unter Motivation? Welche Arten der Motivation gibt es und wie lassen sich bisherige psychologische Erkenntnisse in den Führungsalltag transportieren?

Beschäftigt man sich mit Motivation wird eine zentrale Frage in den Mittelpunkt rücken: Warum handelt ein Mensch bzw. warum verhält sich ein Mensch so und nicht anders? Um diese Frage zu beantworten wird sich das folgende Kapitel zunächst mit den grundlegenden Konzepten Motivation, Motive und Anreize auseinandersetzen. Im Anschluss daran werden zwei wesentliche Einflussgrößen aus der Motivationspsychologie erläutert:

- Allgemeine versus spezifische Motivation
- Intrinsische versus extrinsische Motivation

Motivation, Motive und Anreize

Was bewegt und motiviert Menschen bzw. Ihre Mitarbeiterinnen und Mitarbeiter dazu, „gut und viel" zu arbeiten? Warum verhält sich ein Mensch in bestimmten Situationen so und nicht anders? Inwieweit ist ein Mensch motiviert:

- etwas zu tun – etwas nicht zu tun.
- etwas anzustreben – etwas zu unterlassen.
- Erfolge zu erzielen – Misserfolge zu vermeiden.
- berühmt zu werden – nicht aufzufallen.
- zu führen – geführt zu werden.
- anzugreifen – Schutz zu suchen.
- für die Zukunft zu sorgen – in den Tag hineinzuleben?

Um menschliches Verhalten zu erklären sind zwei Variablen zu berücksichtigen: die Person mit ihren Bedürfnissen und Zielen und die Situation, d. h. die bestehenden Rahmenbedingungen, die zum Handeln bzw. zum Unterlassen auffordern.

Hat ein Mitarbeiter zum Beispiel das Ziel, eine leitende Funktion im Unternehmen zu übernehmen, um damit sein Statusstreben zu befriedigen, wird er erst dann Kräfte und Energien investieren, wenn aus seiner persönlichen Sicht Aufstiegsmöglichkeiten gegeben sind.

Erst das Zusammenspiel von Motiven, die innerhalb einer Person liegen, und Anreizen, die sich aus der jeweiligen Situation herleiten, führt zu einem bestimmten Verhalten. Alles, was Menschen tun oder lassen, geht auf die Wechselwirkung von Person und Situation, von Motiv und Anreiz zurück!

SO ENTSTEHT MOTIVATION

Motive sind Beweggründe und Antriebskräfte des menschlichen Handelns! Sie sind der innere Motor, der die Menschen dazu antreibt, Leistung zu erbringen und angestrebte Ziele zu erreichen.

Anreize sind situative Bedingungen, die individuelle Motive so anregen, dass es zum Handeln kommt. Entscheidend dafür, ob ein Motiv angeregt wird oder nicht, ist jedoch, wie die Situationsmerkmale subjektiv wahrgenommen und bewertet werden.

Die Gesamtheit der in einer Handlung wirksamen Motive und auslösenden Situationsmerkmale, die das individuelle Verhalten aktivieren, richten und steuern, werden in der Psychologie unter dem Begriff Motivation zusammengefasst.

Der Begriff Motivation umfasst einen Prozess, der damit beginnt, dass nicht voll befriedigte Bedürfnisse und Motive vorliegen. Er versucht zu erklären, warum und wie Verhalten in Gang gesetzt, mit Energie versorgt und auf ein bestimmtes Ziel gerichtet wird, das sich als mehr oder weniger befriedigend erweisen kann.

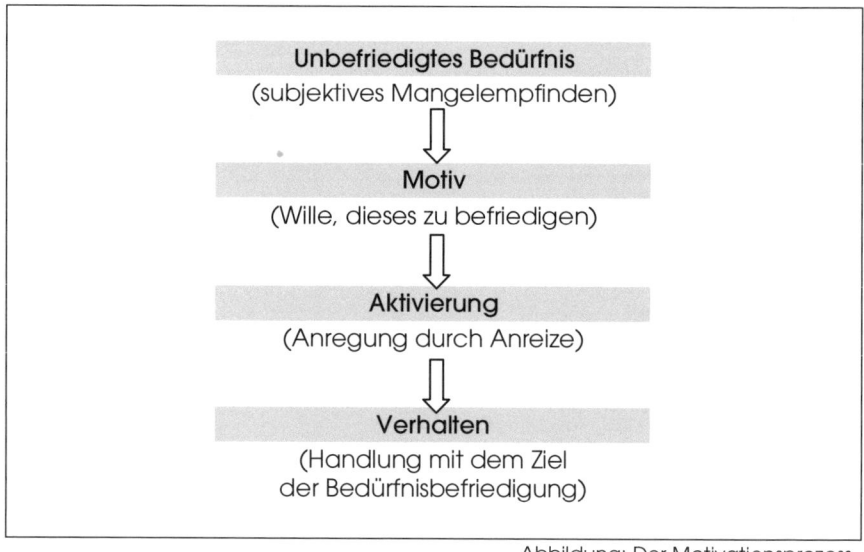

Abbildung: Der Motivationsprozess

Wenn der Motivationsprozess in Gang gesetzt ist, lässt sich die Richtung, Stärke und Ausdauer des menschlichen Verhaltens unterscheiden:

Menschliches Verhalten unterscheidet sich durch:		
Richtung	Stärke	Ausdauer
Abwägen von Handlungsalternativen, Entscheidung für ein bestimmtes Verhalten	Intensität des Verhaltens, Ausmaß der investierten Kraft und Energie	Beharrlichkeit, mit der das Ziel trotz Widerständen angestrebt wird

Untersucht man die genannten Komponenten Richtung, Stärke und Ausdauer des menschlichen Verhaltens genauer, führt dies in einem weiteren Schritt dazu, zwischen allgemeiner und spezifischer Motivation zu unterscheiden.

Allgemeine und spezifische Motivation

Die Unterscheidung zwischen allgemeiner und spezifischer Motivation beantwortet die Frage, inwieweit ein Mensch überhaupt motiviert bzw. motivierbar ist.

Jeder Mensch besitzt grundsätzlich eine bestimmte Kraft, Energie und Willensstärke etwas zu tun, etwas zu erreichen. Nahezu von Geburt an suchen Menschen aus einem innerem Antrieb heraus Gelegenheiten zum Handeln: Sie entdecken die Vielfalt der Welt mit allen ihren Sinnen. Wäre dies nicht so, würde das bedeuten, dass jeder Mensch im Normalzustand inaktiv wäre, sich nicht bewegen würde, bis dieser Zustand durch äußere Zwänge unterbrochen wird.

Auch das Wort Motivation bringt diese Tatsache zum Ausdruck. Es enthält schon im Wortstamm das Wort Motiv, das sich aus dem lateinischen Begriff „movere" herleitet und „bewegen" bedeutet. Jeder Mensch bewegt sich. Mit welcher Intensität, Schnelligkeit und vor allem, in welche Richtung er sich bewegt, ist individuell unterschiedlich.

DEFINITION: ALLGEMEINE UND SPEZIFISCHE MOTIVATION

Als allgemeine Motivation wird der innere Antrieb eines jeden Menschen bezeichnet, etwas zu gestalten und etwas zu bewirken. Dabei beeinflussen situativ individuelle Interessen und Bedürfnisse die Antriebsstärke, mit der etwas in Angriff genommen wird.

Die eigenen Kräfte auf ein bestimmtes Ziel hin auszurichten bezeichnet man dagegen als spezifische Motivation. Energie, Kraft und Ausdauer werden jedoch nur dann investiert, wenn dieses Ziel subjektiv bedeutsam ist.

Das folgende Beispiel wird dies verdeutlichen:

Einer Ihrer Mitarbeiter scheint unmotiviert und verrichtet seine Tätigkeit lustlos. Er signalisiert wenig Interesse für seine Aufgaben und beendet jeden Tag überaus pünktlich seine Arbeit. Gleichzeitig ist Ihnen bekannt, dass dieser Mitarbeiter ein überaus aktives Mitglied eines Vereins ist. Warum investiert dieser Mitarbeiter seine Energien primär in seine Freizeitgestaltung und nicht in seine beruflichen Aufgaben?

Die Freizeitaktivität besitzt eine hohe subjektive Bedeutung für den im Beispiel erwähnten Mitarbeiter. Das heißt, die Schaffenskraft, der Wille etwas zu bewegen, ist grundsätzlich vorhanden und hat sich ein Thema gesucht, an dem sie sich entfalten kann.

Es ist die zentrale Aufgabe der Führungskraft im Motivationsprozess, folgende Frage zu klären: Was sind die Beweggründe, die Motive, Bedürfnisse und Ziele der Mitarbeiter zu handeln bzw. hervorragende Leistung zu erbringen? Oder aus einem anderen Blickwinkel formuliert: Welche Rahmenbedingungen müssen erfüllt sein und wie sollte Arbeit organisiert sein, damit sie Freude macht? Diese Fragen bilden die Basis für Arbeitsmotivation und Arbeitszufriedenheit im betrieblichen Alltag. Sie werden ausführlicher im Kapitel Motivationstypologien und -analyse behandelt.

Intrinsische versus extrinsische Motivation

Wie in den vorherigen Abschnitten bereits erläutert, ist die Ursache jeder Handlung auf Kräfte zurückzuführen, die sowohl in der äußeren Situation als auch in der Person selbst liegen können. Die inneren Beweggründe und Antriebskräfte sind als individuelle Wertungs- und Verhaltensdispositionen von Person zu Person unterschiedlich.

Die Merkmale der äußeren Situation, die Rahmenbedingungen der Arbeit, wie z. B. Betriebsklima, Führungsverhalten des Chefs oder monetäre Faktoren, werden als Anreize bezeichnet, während es sich bei den in der Person liegenden Beweggründen und Antiebskräften um Motive handelt. Betrachtet man diese Unterscheidung von Motiven und Anreizen genauer, gelangt man zu den Begriffen intrinsische und extrinsische Motivation.

DEFINITION: INTRINSISCHE UND EXTRINSISCHE MOTIVATION

Intrinsische Motivation: Die Arbeit ist in sich selbst belohnend. Sie wird durch bestimmte Motive und Bedürfnisse angeregt, deren Befriedigung angestrebt wird.

Extrinsische Motivation: Die Arbeit ist nicht in sich selbst belohnend, sondern wird von außen belohnt. Sie wird durch äußere Faktoren, wie z. B. das Gehalt, angeregt.

Intrinsische Motivation betont die Rolle innerer Kräfte als Motor für ein bestimmtes Verhalten während sich extrinsische Motivation auf die Umwelt und ihre Anreize konzentriert. Richtet sich der Fokus auf extrinsische Motivatoren wie Geld, Incentives etc. wird langfristig die intrinsische Motivation, d. h. die innere Kraft und Energie, die den Menschen Ziele erreichen lässt, zerstört. Wie schon der Fußballtrainer Otto Rehhagel sagte: „Geld schießt keine Tore."

Extrinsische Motivatoren bleiben unverzichtbar, um z. B. den Lebensunterhalt und den gewählten Lebensstandard zu sichern. Sie sollten aber unbedingt durch intrinsische Anreizsysteme ergänzt werden. Erst die

Balance beider Facetten erzeugt die Leistungsmotivation, die in jedem Unternehmen gewünscht und gefordert wird.

Welche Bedürfnisse hat der Mensch?

Bedürfnisse sind nichts anderes, als das Gefühl eines Mangels und der starke Wunsch, diesen Mangel zu beseitigen. Menschen investieren Kräfte und setzen Energien frei, um ihre individuellen Bedürfnisse zu befriedigen.

Der Versuch menschliche Bedürfnisse zu klassifizieren steht im Blickpunkt so genannter Inhaltstheorien der Motivation. Diese befassen sich ausführlich mit der Frage, was motiviert den Menschen, d. h. was ist die Ursache für beobachtetes Verhalten. Im Folgenden werden wir die vieldiskutierte Bedürfnispyramide von A. Maslow und das auf empirischer Basis entwickelte Modell von F. Herzberg vorstellen.

> BEDÜRFNISPYRAMIDE NACH MASLOW
> KERNAUSSAGEN
> FOLGERUNGEN FÜR DIE PRAXIS

Maslow hat in den 50er Jahren des letzten Jahrhunderts die Vielschichtigkeit der menschlichen Bedürfnisse in einem einfachen, leicht verständlichen und praxisrelevanten Modell dargestellt. Darin unterscheidet er insgesamt fünf Bedürfnisklassen, die hierarchisch aufeinander aufbauen:

- physiologische Bedürfnisse
  (z. B. Bedürfnisse nach Nahrung, Schlaf ...)
- Sicherheits- und Schutzbedürfnisse
  (z. B. Bedürfnisse nach Vorsorge, Schutz, Gesundheit ...)
- soziale Bedürfnisse
  (z. B. Bedürfnisse nach Kontakt, Gruppenzugehörigkeit, Geborgenheit ...)
- Ich-bezogene Bedürfnisse
  (z. B. Bedürfnisse nach Anerkennung, Wertschätzung, Selbstachtung, Status ...)
- Bedürfnis nach Selbstverwirklichung
  (z. B. durch Selbstentfaltung, Autonomie, Realisierung eigener Fähigkeiten und Möglichkeiten ...)

Maslow geht davon aus, dass zuerst die Bedürfnisse einer niedrigeren Stufe befriedigt sein müssen, bevor der Mensch zur nächsthöheren Qualität strebt. Diese Grundannahme spiegelt sich in vielen Situationen wider:

Betrachtet man z. B. Menschen in den heutigen Entwicklungsstaaten, wird erkennbar, dass es einem Großteil weniger wichtig ist, dem im westlichen Denken verankerten Streben nach Statussymbolen oder Selbstverwirklichung zu entsprechen. Viele kämpfen ums Überleben und wenn das Überleben gesichert ist, haben sie den Wunsch, sich ein Dach über dem Kopf zu suchen. In den Industriestaaten hingegen ist es fast zur Selbstverständlichkeit geworden, dass vor dem Hintergrund eines gut ausgebauten sozialen Netzes die physiologischen Bedürfnisse befriedigt sind.

Das hierarchische Prinzip von Maslow gilt jedoch nicht uneingeschränkt. Es gibt Situationen für die Maslows Ansatz einer dynamischen Bedürfnisbefriedigung nicht anwendbar ist: Der erfolglose Künstler verdeutlicht dies, indem er trotz unbefriedigter physiologischer Bedürfnisse – die brotlose Kunst – sich in hohem Maße auf die eigene Selbstverwirklichung und Selbstentfaltung konzentriert.

Die in der nachfolgenden Abbildung dargestellten fünf Bedürfnisstufen werden von Maslow in einem zweiten Schritt in Defizitmotive und Wachstumsmotive klassifiziert.

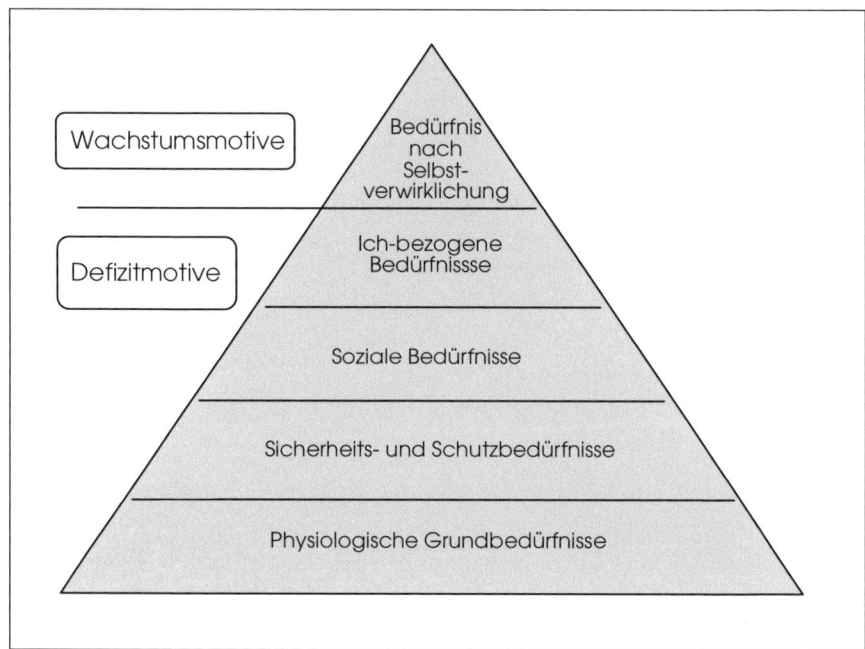

Abbildung: Maslows Modell der Bedürfnishierarchie

Defizitmotive sind hierarchisch untergeordnete Motive. Werden sie nicht befriedigt, verringert sich das Wohlbefinden und damit die Zufriedenheit des Menschen. Sind diese Bedürfnisse erfüllt, führt dies nicht zu einer hohen Zufriedenheit des Menschen, er strebt stattdessen an, dass seine Wachstumsbedürfnisse befriedigt werden. Sie repräsentieren das Verlangen des Menschen nach Verwirklichung seiner selbst.

Im Mittelpunkt steht dann innere Reife zu erlangen, sich im Beruf und in der Freizeit zu entfalten. Auf einem höheren Bedürfnisniveau zu leben, bedeutet im beruflichen Kontext eine insgesamt hohe Zufriedenheit. Sind die Wachstumsmotive befriedigt, wird inneres Glück und Zufriedenheit erlangt.

Folgerungen für die Praxis

■ Analysieren Sie die individuelle Motivlage Ihrer Mitarbeiterinnen und Mitarbeiter! Sammeln Sie Informationen, um bedürfnisgerechte Anreize zu gestalten und Fehlinvestitionen in unwirksame Motivationsmittel zu vermeiden!

■ Nutzen Sie für die Analyse Mitarbeiterbefragungen oder Mitarbeitergespräche! Sprechen Sie Bedürfnisse und Möglichkeiten sie zu befriedigen konkret an!

■ Überprüfen Sie, ob die Defizitmotive hinreichend erfüllt sind! Um Unzufriedenheit zu vermeiden, müssen zunächst die Defizitmotive befriedigt sein. Dies bildet die Basis für persönliches Wachstum! Entwickeln Sie im Bedarfsfall geeignete Maßnahmen!

■ Konzentrieren Sie sich, wenn die Defizitmotive hinreichend erfüllt sind, auf die Wachstumsmotive! Die Erfüllung von Wachstumsmotiven führt zu deutlichen Motivationsschüben und damit zur nachhaltigen Leistungssteigerung.

Es soll noch einmal darauf hingewiesen werden, wie wichtig es ist, die Motive und Bedürfnisse jedes einzelnen Mitarbeiters genau zu ermitteln. Dies ist eine Grundvoraussetzung für eine zielgerichtete und wirksame Motivation, die zu hoher Aktivität und Engagement führt. Ein Beispiel soll dies verdeutlichen:

Sie stellen einen Berufseinsteiger ein, der zunächst ein relativ niedriges Gehalt bekommt. Er hat gleichzeitig hohe finanzielle Bedürfnisse, um seine Wohnung einzurichten und sich neu einzukleiden. Eine sukzessive Gehaltssteigerung wird als Motivationsfaktor somit viel wirksamer sein als die Aussicht auf mehr Gestaltungsspielraum in seiner Tätigkeit.

Ein anderes Konzept, das ebenfalls zu den Inhaltstheorien der Motivation gerechnet wird, unterstützt die aus Maslows Bedürfnishierarchie abgeleiteten Annahmen. Es handelt sich um die Zwei-Faktoren-Theorie von F. Herzberg.

ZWEI-FAKTOREN-THEORIE DER ARBEITSMOTIVATION VON HERZBERG
KERNAUSSAGEN
FOLGERUNGEN FÜR DIE PRAXIS

Der amerikanische Motivationsspezialist Frederick W. Herzberg hat in vielen Befragungen die Faktoren, die die Arbeitszufriedenheit bzw. die Arbeitsmotivation von Mitarbeitern beeinflussen, untersucht. Herzberg benutzte dabei die Critical Incident Technique – die Methode der kritischen Ereignisse – wonach Mitarbeiter Arbeitssituationen erläutern sollten, in denen sie besonders zufrieden oder unzufrieden waren. Auf der Basis der gewonnenen Ergebnisse hat er 1959 ein Kategoriensystem entwickelt, das zwei Faktoren unterscheidet: Hygienefaktoren und Motivatoren.

Was versteht man nun genau unter „Hygienefaktoren" und „Motivatoren"?

DEFINITION: HYGIENEFAKTOREN

Hygienefaktoren sind Arbeitsbedingungen, deren negative Ausprägung bzw. Verschlechterung zu Arbeitsunzufriedenheit beim Mitarbeiter führt. Sind die Hygienefaktoren vorhanden, ist der Mitarbeiter zwar nicht mehr unzufrieden, aber auch nicht motiviert! Der Grund: Die Verbesserung der Hygienefaktoren wird als selbstverständlich angesehen!

Die wichtigsten Hygienefaktoren, auch Unzufriedenheitsvermeider oder Stabilitätsfaktoren genannt, sind:

- anforderungs- und leistungsgerechtes Gehalt,
- kollegiale Beziehungen am Arbeitsplatz,
- Information und Kommunikation sind gewährleistet,
- angemessene Arbeitsplatzgestaltung und -ausstattung,
- Arbeitsplatzsicherheit,
- fortschrittliche Sozialleistungen,
- sozialer und persönlicher Status.

DEFINITION: MOTIVATOREN
Als Motivatoren werden Bedingungen bezeichnet, die Zufriedenheit bei dem Mitarbeiter schaffen.

Vor dem Hintergrund dieser Tatsache werden Motivatoren unter anderem auch als „Zufriedenheitserreger" oder „Anspornfaktoren" bezeichnet.

Die wichtigsten Motivatoren sind:

■ Erbrachte Leistungen und Erfolge,
■ Anerkennung, Lob und Wertschätzung,
■ Übernahme von Verantwortung,
■ herausfordernde Tätigkeiten,
■ Aufstiegs- und Karrieremöglichkeiten,
■ Ausbildungschancen und Lernerfolge.

Der Unterscheidung von Motivatoren und Hygienefaktoren liegen folgende zwei Feststellungen zugrunde:

■ Das Gegenteil von Unzufriedenheit ist: Nicht-Unzufriedenheit.
■ Das Gegenteil von Zufriedenheit ist: Nicht-Zufriedenheit.

Das bedeutet, Arbeitszufriedenheit und Arbeitsunzufriedenheit sind nicht die zwei Seiten einer Medaille, sondern sind als zwei völlig voneinander unabhängige Dimensionen zu betrachten. Es gibt Arbeitsbedingungen, die vermeiden, dass Unzufriedenheit beim Mitarbeiter entsteht, die Hygienefaktoren. Andererseits gibt es Faktoren, die Zufriedenheit und damit Motivation schaffen, die Motivatoren.

Sind die Hygienefaktoren für Mitarbeiter X erfüllt, bedeutet das noch nicht, dass er sehr zufrieden mit seiner Arbeit und dem Umfeld ist. Unter diesen Bedingungen tut er wahrscheinlich das, was man von ihm erwartet bzw. fordert. Mitarbeiter X macht „Dienst nach Vorschrift", er „brennt nicht" für seine Aufgabe.

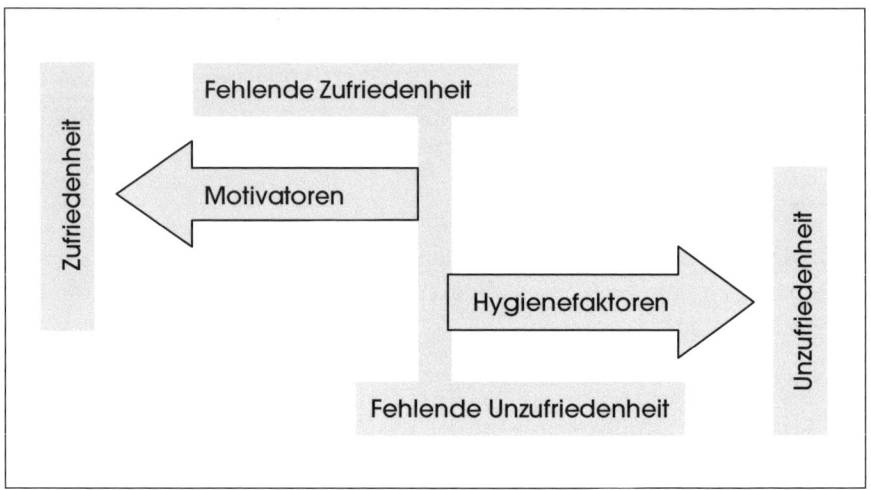

Abbildung: Herzbergs Zwei-Faktoren-Theorie

DIESE UNTERSCHEIDUNG IST WICHTIG:

Nicht erfüllte Hygienefaktoren verhindern die Normalleistung, also das was man als Dienst nach Vorschrift bezeichnet.

Erfüllte Motivatoren steigern die Leistung über die Normalleistung hinaus, d. h. sie motivieren den Mitarbeiter.

Fehlen die Motivatoren, kann Zufriedenheit nicht durch Hygienefaktoren kompensiert werden.

Welche konkreten Möglichkeiten gibt es, die Erkenntnisse von Maslow und Herzberg für den Führungsalltag zu nutzen?

Folgerungen für die Praxis

- Erkennen Sie, dass nicht alle Motivationsangebote zur langfristigen Leistungssteigerung führen! Es gibt keine generalisierenden Motivationskonzepte.

- Versuchen Sie nicht, mit Hygienefaktoren Ihre Mitarbeiterinnen und Mitarbeiter zu motivieren. Konzentrieren Sie sich stattdessen auf den gezielten Einsatz von Motivatoren!

- Erkennen Sie, wie wichtig authentische Anerkennung und Wertschätzung im Motivationskontext ist!

- Erhöhen Sie, z. B. mittels Delegation und Job-Enrichment, den Grad an Selbstständigkeit und Verantwortung Ihrer Mitarbeiter.

Sowohl Herzbergs Zwei-Faktoren-Theorie als auch das Maslowsche Konzept der Bedürfnishierarchie geben Hinweise dazu, wie motivierende Anreize bereitgestellt und gestaltet werden können. Die nachfolgende Aufstellung zeigt beispielhaft verschiedene Möglichkeiten, wie Sie ein motivierendes Umfeld entsprechend der jeweiligen Bedürfnisstufe schaffen können.

Möglichkeiten zur Befriedigung der Bedürfnisse		
	Bedürfnisse	Anreizmöglichkeiten
Defizitmotive bzw. Hygienefaktoren	Physiologische Bedürfnisse (Essen, Trinken, Schlaf, Sexualität, Entspannung)	Lohn- und Gehaltsregelungen Arbeitsplatzgestaltung (z. B. Bürostühle) Kantinenessen Urlaub und Erholung
	Sicherheits- und Schutzbedürfnisse (Ruhe, Vorsorge, Schutz, Stabilität, Unversehrtheit)	Betriebliche Sozialleistungen (zusätzliche Altersversorgung, Versicherungen aller Art) Maßnahmen zur Gesundheitsförderung (Rückenschulen etc.) Vorsorgeuntersuchungen Arbeitsplatzsicherheit bzw. Outplacement-Beratung
	Soziale Bedürfnisse (Zugehörigkeit, zwischenmenschlicher Kontakt, Integration)	Unternehmenskultur Job-Sharing Job-Rotation Projektarbeiten Gutes Betriebsklima (angenehme Kollegen, Möglichkeit zur Kommunikation etc.) Gruppendynamische Veranstaltungen, Betriebsfeste Arbeitszeitflexibilisierung (z. B. Vertrauensarbeitszeit) Kontinuierliche Mitarbeitergespräche

Möglichkeiten zur Befriedigung der Bedürfnisse		
	Bedürfnisse	**Anreizmöglichkeiten**
	Ich-bezogene Bedürfnisse (Anerkennung, Wertschätzung anderer, Selbst- und Fremdbestätigung, persönlicher und sozialer Status)	Offene und konstruktive Feedback-Kultur Auszeichnungen für besondere Leistungen Lob und Anerkennung in angemessenem Maß Partizipation und Einbindung in Entscheidungsfindungsprozesse Statussymbole (Visitenkarten, Firmenwagen, Einzelbüro etc.) Innerbetriebliches Ansehen der ausgeübten Tätigkeit Aufstiegschancen und Karrieremodelle
Wachstumsmotive bzw. Motivatoren	Bedürfnis nach Selbstverwirklichung (innere Reife, Selbstentfaltung, Realisierung eigener Fähigkeiten, Unabhängigkeit)	Abwechslungsreiche Arbeitsaufgaben Job-Enrichment Erweiterung des Gestaltungsspielraums Erweiterung des Handlungs- und Entscheidungsspielraums Betriebliches Vorschlagswesen Mitarbeiterbeurteilungssysteme und gezielte Mitarbeiterförderung und –entwicklung (Weiterbildungen, Seminare etc.) Aufstiegschancen und Karrieremodelle Arbeitszeitflexibilisierung (z. B. Vertrauensarbeitszeit) Expatriate Programme Work-Life-Balance-Konzepte (wie z.B. firmeninternes Fitnessstudio)

Motivation als Prozess

Prozesstheorien der Motivation konzentrieren sich – unabhängig von jeweiligen Motivationsinhalten – darauf, die Mechanismen zu spezifizieren, die von bestimmten Bedürfnissen oder Werten zu Handlungen bzw. zu Befriedigungen führen. D. h. sie beschäftigen sich mit der Frage, wie Motivation abläuft. Im Unterschied zu den Bedürfnistheorien werden hier Kognitionen, d. h. gedankliche Abläufe und ihre Bedeutung für zielorientiertes Leistungsverhalten fokussiert. Welche Kriterien werden bewusst oder unbewusst abgewogen, bevor der Mensch sich für eine der möglichen Handlungsalternativen entscheidet?

> **VIE-THEORIE VON VROOM**
> **KERNAUSSAGEN**
> **FOLGERUNGEN FÜR DIE PRAXIS**

Vroom (1964) benennt in seiner VIE-Theorie drei Faktoren, die das Handeln eines Menschen – also auch seine Leistungsbereitschaft – beeinflussen:

- Valenz (Wert) ist die subjektive Wertigkeit der Handlungsfolge
- Instrumentalität ist die subjektive Wahrscheinlichkeit, dass ein Handlungsergebnis bestimmte Folgen nach sich zieht
- Erfolgserwartung ist die subjektive Wahrscheinlichkeit, dass das Ziel erreicht wird.

Die logische Verknüpfung der Faktoren Valenz, Instrumentalität und Erfolgserwartung veranschaulicht die nächste Abbildung.

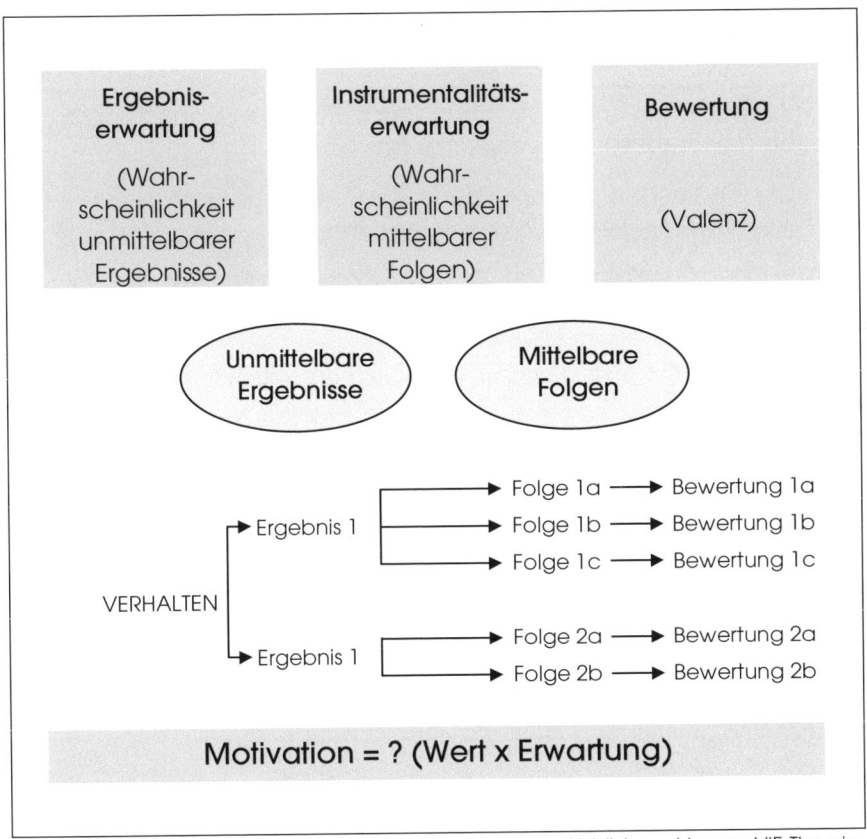

Abbildung: Vrooms VIE-Theorie

Die Motivation für die Bereitschaft, Kraft und Energie in eine bestimmte Handlung zu investieren, ist abhängig von der Wahrscheinlichkeit ein bestimmtes Ergebnis zu erzielen und der subjektiven Wertigkeit der Folgen/Konsequenzen dieser Handlung für den Mitarbeiter.

DIE MOTIVATION EINES MITARBEITERS IST HOCH, WENN:

1. die Wahrscheinlichkeit hoch ist, dass die eigene Handlung zu den gewünschten Ergebnissen führt;

2. das Handlungsergebnis selbst in direkter instrumenteller Beziehung zu wichtigen Handlungsfolgen steht;

3 die Handlungsfolgen von hoher Wertigkeit (Valenz) sind.

Die Aussagen der VIE-Theorie lassen sich an folgendem Beispiel verdeutlichen:

Mitarbeiter X hat in den letzten beiden Jahren kontinuierlich sehr gute Leistungen erbracht. Entsprechend der Aufstiegspolitik vieler Unternehmen wird ihm die Leitung einer neuen Abteilung angeboten. Folgende kognitive Bewertungsprozesse laufen ab:

1. Wie hoch ist die Erwartung, in der neuen Position erfolgreich zu sein? Mitarbeiter X reflektiert seine eigenen Fähigkeiten und Fertigkeiten sowie seine bisherigen Erfahrungen in vergleichbaren Situationen. Traut er sich eine Führungsverantwortung mit den damit verbundenen Aufgaben zu?

2. Welche Folgen zieht es nach sich, die neue Position zu übernehmen? Einerseits resultieren positive Folgen aus der Entscheidung für die Position, wie bessere Bezahlung, mehr Ansehen und Anerkennung im Unternehmen. Andererseits bedeutet vermutlich die neue Position eine erhebliche Einschränkung der Freizeit und damit weniger Zeit fürs Familienleben.

3. Welche der Handlungsfolgen besitzen eine hohe subjektive Wertigkeit? Oder anders gefragt: Liegen die höheren Prioritäten des Mitarbeiters X zum gegenwärtigen Zeitpunkt bei seinem beruflichen Erfolg oder seiner Freizeit/Familie?

Wenn nach diesen Bewertungsprozessen eine hohe Erwartung besteht, dass die neue Position erfolgreich bewältigt wird, und die Position gleichzeitig hoch bewertet wird, in jedem Fall höher, als die aktuelle Aufgabe, wird sich Mitarbeiter X für die neue Herausforderung entscheiden.

Der entscheidende Vorteil der Prozesstheorien der Motivation ist, dass sie sich näher als die Inhaltstheorien am tatsächlichen Verhalten bewegen. Sie können z. B. erklären, warum ein hoch bewertetes Verhalten unter Umständen nicht ausgeführt wird. Es könnte beispielsweise ein anderes Verhalten noch höher bewertet werden oder die Erfolgserwartung ist zu klein.

ATTRIBUTIONSTHEORIEN

Der Abschnitt „Informationen richtig interpretieren" beschäftigte sich schon mit Attributionstheorien. Sie spielen auch im Motivationsprozess als weiteres kognitives Konzept eine wichtige Rolle. Menschen lassen sich aufgrund ihrer Attributionsstile in Bezug auf Erfolg und Misserfolg unterscheiden.

Dabei werden zwei Dimensionen für die subjektiv wahrgenommenen Ursachen von Leistungsergebnissen betrachtet:

- Der Ort der Verursachung oder Locus of Control: internal („ich habe selbst alles unter Kontrolle") oder external („ich bin Opfer der Situation"),
- die zeitliche Stabilität der Kontrollzuschreibung: stabil oder instabil.

Zeitliche Stabilität	Ort der Verursachung	
	in der Person (internal)	in den Umständen (external)
stabil	eigene Begabung und Fähigkeit	Aufgabenschwierigkeit
instabil	eigene Anstrengung (Stimmung, Müdigkeit, Krankheit)	Zufall

Die Kontrollüberzeugung, die jemand hat, bestimmt, welche Ursache er für die Konsequenzen seines eigenen Verhaltens verantwortlich macht.

DEFINITION: INTERNALE UND EXTERNALE KONTROLLÜBERZEUGUNG

Bei der **internalen Kontrollüberzeugung** wird die Ursache für entsprechende Verhaltenskonsequenzen dem eigenen Verhalten/der eigenen Fähigkeit zugeschrieben.

Bei der **externalen Kontrollüberzeugung** liegt die Ursache für Verhaltenskonsequenzen außerhalb der eigenen Einflussmöglichkeiten. Sie wird z. B. auf Zufall, Glück oder Schicksal zurückgeführt.

Menschen lassen sich aufgrund ihrer unterschiedlichen Kontrollüberzeugungen als Optimisten oder Pessimisten typologisieren:

- **Optimisten** schreiben ihre Erfolge der eigenen Begabung, also ihren Persönlichkeitsmerkmalen zu, während sie für Misserfolge externe Umstände wie z. B. Arbeitsbedingungen oder die Marktsituation verantwortlich machen. Misserfolge werden als ein zufälliges Geschehen, als momentanes Pech, das aber eher die Ausnahme bildet, interpretiert.
- **Pessimisten** neigen dazu, Misserfolge mit stabil-internalen Faktoren, wie mangelnde Fähigkeiten und Begabung zu erklären, während Erfolge eher als zufällige Ereignisse, die aufgrund besonders günstiger Arbeitssituationen eingetreten sind, bewertet werden.

Optimisten verfügen über ein hohes Maß an Selbstvertrauen in eigene Kompetenzen, neigen gleichzeitig aber auch zur Selbstüberschätzung. Sie haben Mühe Misserfolge auf mangelnde Fähigkeit oder Anstrengung zurückzuführen. Aufgabe der Führungskraft sollte es sein, durch systematische Feedback-Prozesse dem Mitarbeiter zu einer realistischeren Selbstwahrnehmung und Ergebnisbewertung zu verhelfen.

Umgekehrt haben Pessimisten Zweifel an ihren eigenen Fähigkeiten. Die geringe Erfolgszuversicht ist oft auf mangelndes Selbstvertrauen zurückzuführen. Die Führungskraft sollte versuchen, das notwendige Vertrauen in das eigene Können systematisch aufzubauen, indem sie für den Mitarbeiter spürbare kleinere Erfolgserlebnisse schafft, die als Konsequenz der eigenen Begabung hervorgehoben werden.

Natürlich gibt es auch Menschen, bei denen der Locus of Control nicht so ausgeprägt ist. Sie sehen die Ursache für Verhaltenskonsequenzen in äußeren Umständen oder in den eigenen Fähigkeiten begründet, je nach Situation. Wie und in welchem Maß der Locus of Control ausgeprägt ist, wird zum großen Teil durch die Erziehung vermittelt.

BEISPIEL: SOZIALISATION VON LEISTUNGSMOTIVEN

Nehmen wir als Beispiel den kleinen Jungen, der mit einer schlechten Note von der Schule nach Hause kommt, um sogleich entschuldigend zu erklären, dass der Lehrer die Aufgaben gar nicht richtig erklärt hatte, man außerdem von der vorherigen Sportstunde noch erschöpft war, im Übrigen niemand in der Klasse die Arbeit richtig verstanden hätte und die Hitze im Klassenraum unerträglich gewesen wäre.

Die Eltern lassen dem Jungen den Versuch der Externalisierung nicht durchgehen und schieben das Versagen auf ihn mit der Bemerkung, er habe nicht gelernt, er habe sich nicht angestrengt und er habe das eben nicht kapiert. Nehmen wir weiter an, die nächste Klassenarbeit ergäbe eine bessere Note, auf die der Junge nun stolz sein möchte. Aber was hört er stattdessen zu Hause: Siehst Du, hätten wir Dir nicht gesagt, dass Du lernen sollst, hättest Du wahrscheinlich wieder daneben gelegen.

Aus Sicht des Jungen wird ihm die selbstwertstabilisierende Internalisierung des Erfolgs verwehrt, der stattdessen nach außen, auf die Eltern, geschoben wird. Wenn diese Muster lange genug angehalten haben, so hat der Junge gelernt, dass er für die Misserfolge, nicht jedoch für die Erfolge verantwortlich ist, so dass ihm allenfalls die Chance, Misserfolge zu meiden, nicht jedoch der Stolz auf die eigene Leistung bleibt. Spätestens dann ist aus dem ursprünglich aktiven Erfolgssucher ein ängstlicher Misserfolgsmeider geworden.

Auch wenn diese Geschichte überpointiert ist, so verweist sie doch auf den Lernprozess, in dessen Verlauf überdauernde motivationale Dispositionen erworben werden. Im Übrigen lässt sich die Geschichte sehr leicht und durchaus mit großem Realismus auf die Beziehungen zwischen manchen Vorgesetzten und ihren Mitarbeitern übertragen. Quelle: Wiendieck, 1994, Seite 122

Reflektieren Sie selbst über Ihre Beziehung zu Ihren Mitarbeitern anhand des Beispiels!

Lassen Sie uns noch einmal die am Anfang des Kapitels beschriebene VIE-Theorie von Vroom betrachten. Welche führungsrelevanten Folgerungen kann man daraus ableiten? Die diagnostische Basis zur Motivation von Mitarbeitern bildet das Mitarbeitergespräch. Es gilt herauszufinden:

- **Erfolgserwartung**: Inwieweit hat der Mitarbeiter die Erwartung, angestrebte Arbeitsergebnisse selbst herbeiführen zu können? Sieht er mögliche Hindernisse eher external, z. B. in organisatorischen Schwierigkeiten, mangelnder Unterstützung, oder internal, z. B. in einem Mangel an eigener Qualifikation?
- **Valenz**: Wie bewertet der Mitarbeiter die für seine erbrachten Leistungen gebotenen Belohnungen? Gemeint ist die Anreizpolitik des Unternehmens. Es kann sich dabei ebenso um materielle Anreize handeln, z. B. in Form von Gratifikationssystemen, wie um nichtmaterielle Belohnungen, z. B. ein höheres Maß an Verantwortung, mehr Mitsprachemöglichkeiten, größere Handlungs- und Entscheidungskompetenzen.
- **Instrumentalität**: Inwieweit stehen die erreichten Ergebnisse in direkter instrumenteller Beziehung zu den Handlungsfolgen? Welche subjektive Wahrnehmung hat der Mitarbeiter z. B. von der innerbetrieblichen Aufstiegspolitik? Wird zwischen Leistung und beruflichem Aufstieg/Förderung eine instrumentelle Beziehung erlebt?

Die drei Komponenten „Erfolgserwartung", „Valenz" und „Instrumentalität" erfordern von jeder Führungskraft nicht nur den Einsatz bestimmter Führungstools. Auch kommunikative Fähigkeiten und situa-

ationsgerechtes Führungsverhalten sind nötig, um eine stabile Identifi-
kationsstruktur der Mitarbeiter mit Zielen, Aufgaben, Produkten und
Personen zu erreichen.

Folgerungen für die Praxis

Steigern Sie die Attraktivität der Unternehmens-/Abteilungs-
ziele und damit des individuellen Aufgabenbereichs durch:

- Aktive und transparente Informationspolitik über Visionen,
  Ziele und Zielerreichungsgrade.
- Hervorheben des individuellen Beitrags zur Zielerreichung.
- Berücksichtigung individueller Bedürfnisstrukturen und Mo-
  tivlagen bei der Aufgabengestaltung.

Fördern und fordern Sie aktiv durch:

- Überlegten Personaleinsatz (Abgleich von Fähigkeiten und
  Anforderungen; Berücksichtigung von Arbeitsbedingun-
  gen und zur Verfügung stehenden Ressourcen).
- Individuelle Zielvereinbarungen, begleitet durch Coa-
  ching- und Mentoring-Konzepte.
- Systematische Mitarbeiterbeurteilung als Instrument zur Er-
  mittlung des individuellen Entwicklungsbedarfs; Ableitung
  geeigneter Maßnahmen.
- Hilfestellung und Unterstützung bei neuen und schwierigen
  Aufgaben.
- Aufzeigen von beruflichen Perspektiven; individuelle Lauf-
  bahnplanung.

Machen Sie Erfolge spürbar durch:

- Realistische Zielsetzung und zeitnahe Belohnung bei Zielerreichung.
- Aktive Unterstützung der Mitarbeiterin/des Mitarbeiters bei
  situativen Problemen.
- Förderung des Selbstvertrauens und realistischen Selbsteinschätzung eigener Fähigkeiten und Kompetenzen.

- Vermeidung von Überforderung durch gezieltes Delegationsverhalten.
- Implementierung einer Lern- statt Fehlermentalität (Fehler als Lernchance sehen).
- Anerkennung und Wertschätzung auch bei kleineren Erfolgen.

Motivationstypologien und -analyse

Wie aus den Theorien von Maslow und Herzberg abgeleitet wurde, bedeutet Motivation das Energiepotenzial unbefriedigter Bedürfnisse zu nutzen, indem dem Mitarbeiter Möglichkeiten geboten werden, seine individuellen Bedürfnisse im Unternehmen zu befriedigen.

Voraussetzung dazu ist die Bedürfnisstruktur des Mitarbeiters gezielt zu analysieren. Die auf Seite 130 dargestellte Kienbaum-Motivations-Analyse soll Ihnen dabei helfen. Um ein möglichst genaues und umfangreiches Bild der Motivlage zu erhalten, erweist es sich als sinnvoll, möglichst viele Informationsquellen zu nutzen.

Anonymisierte Mitarbeiterbefragungen werden als reines Analyseinstrument eingesetzt um den Status quo zu ermitteln. Mitarbeiterworkshops und Mitarbeitergespräche hingegen sind eher lösungsorientiert, da hier auf der Basis der Erkenntnisse Möglichkeiten diskutiert werden, wie künftige Anreize geschaffen und spezifische Aktionen festgelegt werden können.

Um Sie bei der Vorbereitung des Mitarbeitergesprächs zu unterstützen, haben wir nachfolgend zentrale Fragen zur strukturierten Motivanalyse zusammengestellt.

Fragen zur Motivanalyse

■ Was motiviert Sie generell tagtäglich zur Arbeit zu kommen?

■ Beschreiben Sie Ihren Ideal-Arbeitsplatz! Beziehen Sie sich dabei sowohl auf weiche Faktoren, wie Klima, soziale Beziehungen, Führungsverhalten, als auch auf harte Faktoren, wie Aufgabengestaltung, Entlohnung etc.!

■ Bewerten Sie bitte den Grad ihrer derzeitigen Zufriedenheit im Beruf auf einer Skala von 1 bis 10 (1: stark unzufrieden, 10: außerordentlich zufrieden)

■ Welche Ursachen sehen Sie für Ihre derzeitige Zufriedenheit/Unzufriedenheit?

■ Was müsste sich ändern/was muss passieren, um den Grad Ihrer Zufriedenheit zu erhöhen?

■ Welche Punkte hinsichtlich motivierender Arbeitsbedingungen können Sie selbst beeinflussen und wie?

■ Bei welchen Punkten kann ich Sie als Führungskraft unterstützen, um ein für Sie motivierendes Umfeld zu schaffen?

In der Kienbaum-Motivations-Analyse, die auf langjährige Beobachtungen und Erfahrungen basiert, werden die Motivationsarten klassifiziert. Es werden insgesamt 15 Motivlagen unterschieden. Die Analyse verhilft Ihnen, einen strukturierten Überblick darüber zu gewinnen, wie die Mitarbeiter ihre individuellen Motive gewichten.

DIE KIENBAUM-MOTIVATIONS-ANALYSE

Es werden insgesamt folgende 15 Motivlagen unterschieden, die auf einer fünfstufigen Skala von gering ausgeprägt, also wenig motivierend bis hoch ausgeprägt, also stark motivierend, bewertet werden.

Einflussmotivation – will Einfluss auf andere besitzen.

Erfolgsmotivation – will sich selbst neue, herausfordernde Ziele setzen und erreichen.

Veränderungsmotivation – will Strukturen verändern, bewegen.

Problemlösemotivation – will in Aktivität stehen und auch unter widrigen Umständen Probleme lösen.

Neuigkeitsmotivation – will Abwechslung haben durch immer wieder neue und unbekannte Aufgaben.

Misserfolgsmotivation – will alles richtig machen, Fehler vermeiden.

Lagemotivation – will alles geregelt, geordnet sehen.

Wettbewerbsmotivation – will sich mit anderen messen, die eigene Leistung mit anderen vergleichen.

Anschlussmotivation – will nette Kontakte zu Kollegen haben.

Statusmotivation – will Ansehen im Beruf/in der Gesellschaft haben (anerkannte Position, nach außen sichtbare Symbole).

Hilfsmotivation – will das Gefühl haben, gebraucht zu werden und helfen zu können.

Feedback-Motivation – will Anerkennung und Rückmeldung von Mitarbeitern und Vorgesetzten bekommen.

Zahlenmotivation – will Freude haben an der Steigerung der eigenen Geschäftszahlen.

Materielle Motivation – will hohes Gehalt und damit verbundenen Lebensstil erreichen/halten.

Entwicklungsmotivation – will die eigene Persönlichkeit erfahren und weiterentwickeln.

Nachdem die 15 Motivklassen gewichtet wurden, lassen Sie von Ihren Mitarbeitern die fünf Anreize markieren, die am meisten motivieren und die fünf Anreize, die am wenigsten antreiben!

Sobald Sie eine klare Vorstellung von der Motiv- und Bedürfnisstruktur Ihrer Mitarbeiter haben, besteht der nächste Schritt darin zu überprüfen:

- Welche der bisherigen Motivations- und Leistungsanreize entsprechen der Bedürfnisstruktur des Mitarbeiters und sollten deshalb beibehalten bzw. verstärkt werden?
- Durch welche weiteren Maßnahmen schaffen Sie eine bedürfnisgerechte Anreizgestaltung, die ihren Schwerpunkt auf Wachstumsmotive und Motivatoren setzt?

Möglichkeiten zur Anreizgestaltung wurden Ihnen bereits in dem Abschnitt „Welche Bedürfnisse hat der Mensch" aufgezeigt. Im Kapitel „Die psychologischen Grundbausteine" lernten Sie das Vier-Typen-Modell kennen. Eine weitere Möglichkeit, die Motivlage des Menschen zu klassifizieren und daraus Gestaltungsmaßnahmen für das berufliche Umfeld abzuleiten, basiert auf dieser Persönlichkeitstypologisierung.

Sehen Sie dazu die folgende Übersicht:

Typ	Stark ausgeprägte Motivlagen	Ein motivierendes Umfeld definiert sich durch:
Treiber	Einflussmotivation	Die Möglichkeit, die Aktivitäten anderer zu lenken und zu steuern (z. B. Projektleitung, einflussreiche Position).
	Erfolgsmotivation	Die Gelegenheit zum beruflichen Erfolg/Aufstieg.
	Veränderungsmotivation	Neue Chancen und Herausforderungen.
	Wettbewerbsmotivation	Schnelle Ergebnisse und Belohnung/Anerkennung für das Erreichen von Zielen.
	Statusmotivation	Viel Bewegungsfreiheit bei der Arbeit (hoher Handlungs- und Gestaltungsspielraum).
Analytiker	Problemlösemotivation	Zeit, um Aufgaben entsprechend seiner Qualitätsmaßstäbe zu lösen.
	Misserfolgsmotivation	Eindeutige Regeln, klare Abgrenzung seines Aufgabenbereichs.
	Zahlenmotivation	Projekte, bei denen er sein Spezialwissen (Umgang mit Zahlen) und seine „Genauigkeit" zeigen kann.
Ausdrucksvoller	Neuigkeitsmotivation	Gelegenheit für soziale Kontakte.
	Anschlussmotivation Feedback-Motivation	Hohes Maß an Anerkennung und Wertschätzung sowie sofortige, mündliche Rückmeldungen.
	Materielle Motivation	Abwechslungsreiche Aufgaben, die ihn begeistern.
	Entwicklungsmotivation	Ein Umfeld, in der ein gegenseitiger Ideen- und Gedankenaustausch erwünscht ist.

Typ	Stark ausgeprägte Motivlagen	Ein motivierendes Umfeld definiert sich durch:
Zuver-lässiger	Lagemotivation	Klar definierte Aufgaben- und Verantwortungsbereiche.
	Anschlussmotivation	Berechenbare und geordnete Umwelt; Stabilität und Sicherheit.
	Entwicklungs-motivation	Harmonische Atmosphäre und gute Beziehungen zu Kollegen.
	Hilfsmotivation	Möglichkeit, anderen zu helfen und sie zu unterstützen.

Die in der Übersicht dargestellten Ansatzpunkte sollen Ihnen Anregungen dazu geben, wie Sie die verschiedenen „Mitarbeitertypologien" motivieren können. Sie soll einen Eindruck über grundsätzliche Möglichkeiten vermitteln, kann aber nicht als generalisierendes Rezept herangezogen werden.

Für jeden Mitarbeiter muss mithilfe einer Motivationsanalyse geprüft werden, welche zentralen Motivlagen ihn dazu bewegen seine Leistung zu steigern. Diese Analyse sollte die Grundlage für entsprechende Maßnahmen sein. Dabei ist von erfolgskritischer Bedeutung, dass die einzelnen Instrumente und Maßnahmen systematisch aufeinander abgestimmt werden.

Demotivation und Remotivierung

Bisher wurden Möglichkeiten der Motivation bzw. Motivierung von Mitarbeitern vor dem Hintergrund individueller Bedürfnis- und Motivstrukturen erörtert. Erfahrungswerte aus der Praxis belegen jedoch, dass es eine äußerst einseitige Betrachtungsweise des Motivationskonzepts darstellt, sich allein auf Bedingungen, Inhalte, Prozesse sowie Techniken der Motivation zu konzentrieren. Warum greifen die in Unternehmen entwickelten ausgefeilten Anreizprogramme nicht im erwarteten Maße oder stellen sich als zeitliche und finanzielle Fehlinvestitionen heraus? Tatsache ist, dass in diesen Fällen die

Motivationsbarrieren, so genannte Demotivatoren, die sich kontraproduktiv auf Motivation, Leistungsbereitschaft und -verhalten auswirken, vernachlässigt wurden.

Vor diesem Hintergrund ist es eine zentrale Führungsaufgabe, nicht nur ein motivierendes Umfeld zu schaffen, sondern Demotivation zu vermeiden. Gleichzeitig sollte die Führungskraft über geeignete Mittel verfügen, demotivierte Mitarbeiter wieder zu remotivieren.

Bevor sich eine Führungskraft der Remotivierung widmen kann, ist es erforderlich, ihre Ursachen zu ergründen. Nur dann können gezielte Ansätze zur Remotivierung in die Wege geleitet werden. Zunächst sollen Indikatoren und mögliche Ursachen für Demotivation dargestellt werden. Anschließend geben wir Ihnen Hinweise wie Sie Demotivation Ihrer Mitarbeiter vermeiden können.

Symptome und mögliche Ursachen

Sie haben einen Mitarbeiter, der neue Aufgaben, die nicht explizit in seiner Stellenbeschreibung schriftlich fixiert sind, grundsätzlich an Sie zurück delegiert. Man könnte auch sagen, dieser Mitarbeiter macht Dienst nach Vorschrift. Schnell kommt der Gedanke auf, der Mitarbeiter ist überfordert – der Anforderungsgrad der Aufgabe stimmt nicht mit seinen Fähigkeiten und Kompetenzen überein. Sie reagieren, wie viele Führungskräfte in dieser Situation: Sie sehen von einer Erweiterung seines Aufgabenspektrums ab. Die Folge ist, dass der Mitarbeiter still steht, er stagniert in seiner Entwicklung.

Die Erklärung und Reaktion der Führungskraft liegt sicherlich nahe. Aber kann das beschriebene Mitarbeiterverhalten nicht auch ein eindeutiges Signal dafür sein, dass der Mitarbeiter demotiviert ist? Demotivation spiegelt sich auf der Individualebene im Verhalten des Mitarbeiters, auf der Team- und Unternehmensebene in quantitativen Kennzahlen wider. Nachfolgende Indikatoren bieten Rückschlüsse auf eine mögliche Demotivation.

FÜNF QUANTITATIVE KENNZAHLEN ALS SYMPTOME FÜR DEMOTIVATION

1. Absentismusquote (durch Krankheit),
2. Fehler- und Ausschussquoten
3. Fluktuationsrate,
4. Beteiligung an Sonderprojekten, betrieblichen Veranstaltungen etc.,
5. Anzahl der Verbesserungsvorschläge.

NEUN VERHALTENSYMPTOME EINES DEMOTIVIERTEN MITARBEITERS

1. Verhält sich zunehmend zurückgezogen und ruhig oder sehr stark launisch/zynisch.
2. Erbringt qualitativ und quantitativ geringere Leistungen.
3. Zeigt wenig oder keine Begeisterung für die Aufgabenstellung.
4. Schöpft seine Kompetenzen nicht mehr aus und vermeidet die Verbreiterung und Anreicherung der Aufgaben und Verantwortungen.
5. Zeigt kein Engagement, das eigene Leistungsniveau kontinuierlich zu verbessern bzw. seine Karriere voranzutreiben.
6. Resigniert schnell bei schwierigen Aufgaben und Widerständen, ist bei hohem Arbeitsanfall schnell überfordert.
7. Vermeidet Auseinandersetzungen, ist zum typischen Ja- oder Nein-Sager geworden.
8. Zeigt wenig Flexibilität, wenn es um Veränderungen jeglicher Art geht.
9. Weist eine höhere Krankheits- bzw. Absentismusquote als andere auf.

Eindeutige Ursachen für Demotivation darzustellen gestaltet sich als schwierig. Sie entsteht oft daraus, dass sich situative Bedingungen gegenseitig bündeln, weil sie zeitnah auftreten. Eine Variante, die Vielfalt potenzieller Ursachen der Demotivation darzustellen und damit für den Führungsalltag greifbar zu machen, ist die möglichen Einflussfaktoren auf drei Ebenen zu kategorisieren:

1. **Organisationsebene**: Alle Gegebenheiten der Organisation, dazu gehören Unternehmensstrategie, -kultur etc., die Arbeitswerte wie Sinnhaftigkeit, erlebte Verantwortlichkeit, Abwechslung und Anforderungsvielfalt, Weiterentwicklung beeinträchtigen.

2. **Teamebene**: Probleme im direkten Arbeitsumfeld der Mitarbeiter, insbesondere auf das Führungsverhalten bezogen.

3. **Individualebene**: Persönlichkeitsmerkmale, Einstellungen und Erwartungen, intrapersonelle Rollenkonflikte.

Einflussfaktoren, die außerhalb der Organisation liegen, d. h. politisch, wirtschaftlich oder kulturell bedingt sind, werden bei dieser Einteilung nicht berücksichtigt.

DIESE EINFLUSSFAKTOREN BEGÜNSTIGEN DEMOTIVATION	
Einflussfaktoren auf der:	Beispiele
Organisations-ebene	■ mangelnde Transparenz der Unternehmens-strategie und -ziele ■ starre und unflexible Organisationsstrukturen ■ keine einheitliche Führungskultur ■ schlechtes Betriebsklima ■ unbefriedigende Arbeitsbedingungen

DIESE EINFLUSSFAKTOREN BEGÜNSTIGEN DEMOTIVATION	
Einflussfaktoren auf der:	Beispiele
Teamebene (insb. Führungs- verhalten)	▪ fehlende Anerkennung und Unterstützung ▪ mangelnde Informationsweitergabe ▪ einsame oder fehlende Entscheidungen ▪ unzureichende Mitwirkung/Einbindung in Entscheidungsfindungsprozesse ▪ ineffiziente Meetingkultur ▪ Delegationsfehler (mangelndes Vertrauen, Eingriffe in das Aufgaben- feld, unklare Absprachen etc.)
Individual- ebene	▪ Unsicherheit, Ängstlichkeit, Depressivität ▪ zu hohe Erwartungshaltung an die eigene Leis- tung/Karriere ▪ fehlende Work-Life-Balance ▪ intrapersonelle Rollenkonflikte (Beruf – Familie) ▪ erlebte Einschränkungen in Autonomie und Selbst- verwirklichung ▪ Kompetenzen stimmen nicht mit dem Anforderungsgrad der Aufgabe überein (Folge: Über- bzw. Unterforderung)

Die hier beschriebenen Ursachen erheben nicht den Anspruch auf Vollständigkeit. Sie stellen eine Auswahl der wichtigsten demotivieren- den Bedingungen dar, die wir in der Praxis beobachten konnten und die sich in Ergebnissen von aktuellen Kienbaum-Studien widerspiegeln.

▪ So können Sie Demotivation vermeiden

Von den genannten Einflussfaktoren, die potenziell Demotivation be- günstigen, können sehr eindeutige Hinweise abgeleitet werden, wie Demotivation vermieden bzw. verlorene Motivation wiederhergestellt werden kann. Wir möchten nachfolgend entsprechend der bereits vor- genommenen Kategorisierung jeweils drei Beispiele aufzeigen.

AUF DER ORGANISATIONSEBENE

■ Informieren Sie Ihre Mitarbeiter in Meetings über die Unternehmensstrategie und -ziele. Arbeiten Sie gleichzeitig den Beitrag Ihrer Abteilung zur Erreichung der Unternehmensziele heraus.

■ Erläutern Sie die Gesamtzusammenhänge im Unternehmen (Abläufe, Schnittstellen etc.) und legen Sie aktuelle Ereignisse und Entscheidungen transparent dar. Erhöhen Sie dadurch die Einsicht und Akzeptanz der Entscheidungen.

■ Überlegen Sie sich genau, wann Sie Ihre Mitarbeiter in Veränderungsprozesse miteinbeziehen. Re- und Umstrukturierungen lösen Unsicherheit und Misstrauen aus. Beziehen Sie Ihre Mitarbeiter wenn möglich in einem frühen Stadium in den Prozess der Veränderungen mit ein. Der Grad der Mitbestimmung und Mitwirkung erhöht die Identifikation und das Commitment mit den vollzogenen Veränderungen.

AUF DER TEAMEBENE

■ Initiieren Sie Teamentwicklungsmaßnahmen, in denen latente Konflikte aufgedeckt und Lösungsstrategien erarbeitet werden. Durch gemeinsame Bewältigung ungewöhnlicher Herausforderungen (z. B. Outdoor-Übungen) wird das Wir-Gefühl gestärkt, individuelle Positionierungen im Team (Rolle, Wirkungsweisen, Verhalten etc.) werden transparenter, der Umgang mit schwierigen Situationen in der Zukunft wird erleichtert (man weiß, wie der andere tickt).

■ Als zentraler Demotivator wird in Mitarbeiterbefragungen oft das Führungsverhalten per se genannt. Reflektieren Sie Ihr eigenes Führungsverhalten vor dem Hintergrund der Erwartungen Ihrer Mitarbeiter. Welche Führungsinstrumente setzen Sie mit welcher Zielsetzung bewusst ein? In welchem Verhaltensspektrum bewegen Sie sich? Erfahren Sie mehr über die Wirkungsweisen Ihres Verhaltens und über effiziente Führungstools in Führungsseminaren.

■ Signalisieren Sie Interesse für Ihre Mitarbeiter und deren Arbeit. Bringen Sie Ihnen Wertschätzung und Anerkennung entgegen. Binden Sie Ihre Mitarbeiter aktiver in Entscheidungsfindungsprozesse mit ein. Loben Sie für gute Leistungen. Führen Sie keine Schwächendebatten.

AUF DER INDIVIDUALEBENE

- Sprechen Sie mit Ihren Mitarbeitern offen über Motivationsbarrieren. Spüren Sie gemeinsam Demotivatoren auf und leiten Sie erste Lösungsschritte ein. Diese Gespräche sollten auf bilateraler Ebene durchgeführt werden, um die Offenheit und Ehrlichkeit zu fördern. Voraussetzung dafür ist eine vertrauensvolle Vorgesetzten-Mitarbeiter-Beziehung.

- Bieten Sie aktiv Hilfe und Unterstützung bei der Erreichung persönlicher Ziele an. Achten Sie darauf, dass die Ziele realistisch und klar terminiert sind. Notieren Sie sich schriftlich, wie Ihre Unterstützung im Einzelnen aussehen kann.

- Berücksichtigen Sie bei der Personalselektion neben fachlichen Aspekten vermehrt Verhaltenskompetenzen und Persönlichkeitsmerkmale (bestimmte Merkmale begünstigen die Entstehung von Demotivation).

Die genannten Beispiele stellen einen Auszug aus möglichen Maßnahmen dar. Wir möchten Sie ermuntern, eigene Überlegungen bezüglich intervenierender Maßnahmen, welche die situativen Rahmenbedingungen in Ihrer Organisation berücksichtigen, anzustellen. Beantworten Sie für sich folgende Leitfragen:

SELBSTREFLEXION

1. Gibt es eindeutige Indikatoren, die auf Demotivation schließen lassen?

2. Welche möglichen Ursachen lassen sich benennen?

3. Welche Möglichkeiten zur Vermeidung von Demotivation bieten sich in Ihrem Handlungsspielraum?

Ihre Aufgaben im Motivationsprozess. Was können Sie tun?

Voraussetzungen für eine erfolgreiche Motivationsarbeit durch Führungskräfte sind eine offene und vertrauensvolle Haltung gegenüber den Mitarbeitern, Interesse und Akzeptanz ihrer Bedürfnisse und die Bereitschaft, so weit wie möglich persönliche Wünsche und Ziele der Mitarbeiter zu berücksichtigen.

Die folgenden Vorschläge können eine vertrauensvolle Beziehung zwischen Führungskraft und Mitarbeiter nicht ersetzen. Sie bieten jedoch ein Instrumentarium, mit dessen Hilfe ein motivierendes Umfeld, in dem die individuelle Bedürfnis- und Motivstruktur der Mitarbeiter berücksichtigt wird, geschaffen werden kann. Die Frage in diesem Abschnitt ist weniger, ob Sie bereits – situativ oder instrumentalisiert – diese Werkzeuge einsetzen, sondern vielmehr, ob Sie dies richtig tun.

Im Laufe unserer Tätigkeit für die verschiedenen Klienten von Kienbaum konnten wir die Erfahrung machen, dass sich drei Führungsinstrumente als die wichtigsten im Motivationsprozess herauskristallisiert haben:

- Motivation durch Delegation
- Motivation durch Ziele
- Motivation durch Geld

Erfolgsgarant ist nicht, dass Sie sich ausschließlich auf ein Motivationstool konzentrieren, sondern dass die einzelnen Tools in ein breites, integratives Konzept von motivierender Mitarbeiterführung eingebettet werden.

Motivation durch Delegation

Delegation ist ein stark motivierendes Führungsinstrument, das vor dem Hintergrund unserer Erfahrungen aus Coachinggesprächen etc. vergleichsweise wenig genutzt oder falsch eingesetzt wird. Einer der häufigsten Fehler ist die Scheindelegation, bei der zwar Aufgaben aber nicht die dazugehörige Verantwortung und Entscheidungsfreiheit delegiert werden.

Dabei gewinnt die delegative Führung im Zuge der steigenden Qualifikationen und zunehmenden Autonomiebedürfnisse der Mitarbeiter mehr und mehr an Bedeutung.

> Delegation ist ein wesentliches Instrument der Mitarbeitermotivation und Mitarbeiterentwicklung, weil es seinen Handlungsspielraum erhöht und Verantwortung überträgt.

Die motivationale Komponente der Delegation zeigt sich vor allem in der Handlungsfreiheit und in Möglichkeiten zur Selbstentfaltung und -organisation. Besonders von reifen, qualifizierten und eigenständigen Mitarbeitern wird mehr Delegation im Rahmen des bewerteten Führungsverhaltens gewünscht.

Die ursprünglich motivierende Wirkung führt jedoch schnell zu Demotivation, wenn die Delegation falsch praktiziert wird, z. B. wenn die Aufgaben den Reifegrad des Mitarbeiters übersteigen und er sich damit überfordert fühlt.

Typische Delegationsfehler

- Verteilen unzusammenhängender Einzelaufgaben,
- Unklare Aufgabenstellung/Aufgabenbeschreibung,
- Mitdelegation des eigenen Arbeitsstils,
- Unklare Kompetenzen,
- Unklare Termine (schnell, sofort),
- Doppeldelegation: an zwei Personen; ohne dass diese voneinander wissen wird die gleiche Aufgabe delegiert,
- Zu enge/zu laxe Kontrolle,
- Selbst in die delegierte Aufgabe eingreifen,
- Zwischen Tür und Angel delegieren,

- Keine Feedbackschleifen vereinbaren.
- Zeit von der Übertragung der Aufgabe bis hin zur Erledigung ist oft zu knapp bemessen.

Professionelle Delegation stellt hohe Anforderungen hinsichtlich Einstellung und Verhalten an Führungskräfte. Am schwierigsten gestaltet sich in vielen Unternehmen das Loslassen von Aufgaben und Verantwortung. Führungskräfte erledigen die Aufgaben lieber gleich selbst, damit es schneller geht und das Ergebnis gut wird.

Hauptgründe hierfür sind Mangel an Vertrauen in die Fähigkeiten und Kompetenzen der Mitarbeiter sowie latente Angst vor Machtverlust. Oft scheint auch das Denken in Zahlen, Daten, Fakten, also die Fokussierung auf quantitative Ergebniskennzahlen höher gewichtet zu werden als das Interesse an gezielter Mitarbeiterförderung und -entwicklung.

SELBSTREFLEXION

Nach welchen Kriterien geben Sie Verantwortlichkeiten an Ihre Mitarbeiter weiter?

In welchen Bereichen gibt es bei der Delegation Schwierigkeiten (bei welchen Aufgaben, welchen Mitarbeitern)?

Wo sehen Sie diesbezüglich Lösungsmöglichkeiten?

Welche Prinzipien sind Ihnen bei der Delegation von Aufgaben wichtig?

Wonach entscheiden Sie, ob Sie eine Aufgabe selbst bearbeiten oder delegieren?

Wie berücksichtigen Sie die Über- oder Unterforderung Ihrer Mitarbeiter?

In welchen Bereichen behalten Sie die Verantwortung lieber selbst?

Wo sehen Sie Vorteile, wo Probleme einer Delegation von Verantwortung?

Bringen Sie Ihren Mitarbeitern Vertrauen entgegen. Bieten Sie Hilfestellung und Unterstützung an, wenn erforderlich, aber vermeiden Sie die Kontrolle zwischendurch. Nur so erhöhen Sie Motivation und Identifikation für die Aufgabe und fördern gleichzeitig Selbstverantwortung. Weitere Regeln für das Delegationsverhalten lassen sich wie folgt zusammenfassen:

- Delegieren Sie herausfordernde Aufgaben (Fordern und Fördern hängen eng zusammen).

- Delegieren Sie solche Aufgaben, die für den Mitarbeiter mit dem Erwerb neuer Kompetenzen verbunden sind.

- Kündigen Sie bereits zum Zeitpunkt der Delegation Ergebniskontrollen an (je nach Reifegrad des Mitarbeiters sollten die Kontrollabstände zeitlich variieren).

- Delegieren Sie auch solche Aufgaben, die Sie selbst besser machen könnten, um die Mitarbeiter gezielt zu entwickeln.

- Berücksichtigen Sie die unterschiedliche Leistungsfähigkeit der Mitarbeiter, um Unter- oder Überforderungen zu vermeiden!

> Wer seiner Führungsrolle gerecht werden will, muss genug Vernunft besitzen, um die Aufgaben den richtigen Leuten zu übertragen – und genug Selbstdisziplin, um ihnen nicht ins Handwerk zu pfuschen.
> Theodore Roosevelt

Motivation durch Ziele

Kennen Sie in Ihrem Umfeld müde und energielose Menschen? Haben Sie diese Menschen auch schon einmal nach ihren Zielen gefragt? Wahrscheinlich werden Sie keine oder zumindest keine realistischen bzw. konkreten Antworten erhalten. Ziellosigkeit führt zu Unzufriedenheit, Langeweile oder sogar zu Depressionen.

> Wir sind eher bereit, unser Verhalten zu verändern, wenn wir an der Problemanalyse und Lösungserarbeitung beteiligt sind und zudem Entscheidungen ausführen, die wir selbst mitformuliert haben.
> Kurt Lewin

Wenn Mitarbeiter zu eigenverantwortlichem Handeln motiviert und zu Höchstleistungen angespornt werden sollen, gehören Zielvereinbarungen zu den Klassikern der Führungslehre. Schon Martin Luther formulierte in diesem Kontext: „Ans Ziel kommt nur, wer eines hat." Ziele geben der Arbeit und dem Leben mehr Sinn, sie wirken motivierend und leistungsfördernd und geben Kraft und Energie.

Eine motivationale Technik, die sich mit dem Einfluss von Zielen auf das Leitungsverhalten von Menschen intensiv beschäftigt, ist das Goal-Setting, das auf Locke (1968) zurückgeht und den Trend Zielvereinbarungssysteme in Unternehmen zu implementieren maßgeblich mitbeeinflusst hat.

GOAL-SETTING-THEORIE VON LOCKE
KERNAUSSAGEN
FOLGERUNGEN FÜR DIE PRAXIS

Individuelle Ziele festzusetzen und zu verfolgen führt zur Steigerung der Motivation und Arbeitsleistung der jeweiligen Person, da Ziele als so genannte Handlungsregulatoren fungieren. Menschen wollen nicht nur verstehen, was sie tun, sie wollen den Sinn im eigenen Tun erkennen. Demnach wird das Handeln von Mitarbeitern, also Richtung, Anstrengung und Ausdauer des Verhaltens, weitgehend durch Ziele geleitet. Wichtige Zielkriterien dabei sind:

- Ziele sollen klar und spezifisch formuliert sein.
- Ziele sollen einen anspruchsvollen Schwierigkeitsgrad haben (aber gleichzeitig realistisch bleiben).
- Ziele sollen akzeptiert werden (Commitment).
- Die Zielerreichung sollte konsequent verfolgt und durch kontinuierliche Rückmeldungen begleitet werden.

Auf der Basis der Goal-Setting-Methode von Locke können Aktivitäten auf spezifische Ziele ausgerichtet werden. Insbesondere ist zu beobachten, dass schwierige Ziele herausfordernd wirken und den Ehrgeiz in besonderem Maße anspornen. Gleichzeitig ermöglicht die Bewältigung schwieriger Aufgaben den Aufbau von Selbstvertrauen in die eigene Leistungsfähigkeit und trägt bei Erfolg dazu bei, dass das Selbstwertgefühl aufgewertet wird. Voraussetzung dabei ist natürlich das Commitment und die Identifikation des Mitarbeiters mit dem jeweiligen Ziel.

> Ziele zu setzen führt zu Motivation und Leistungssteigerung,
> und zwar umso mehr, je höher und je spezifischer die Ziele sind.
> Voraussetzung ist die Akzeptanz der Ziele
> und ein klares Commitment.

Die Rolle des Feedbacks sollte im Rahmen der Zielsetzungs- und Zielverfolgungsprozesse nicht unterschätzt werden. Es bestätigt nicht nur die gewählten Handlungsstrategien und -alternativen zur Zielerreichung, sondern bildet die Basis für Weiterentwicklung und Veränderung.

Positive Rückmeldungen wirken aber nur, wenn sie aufrichtig gemeint sind, da sonst die Glaubwürdigkeit der Führungskraft und damit des ganzen Zielvereinbarungssystems infrage gestellt wird. Bei unsicheren Mitarbeitern bietet sich die Sandwich-Taktik an: Jede Kritik sollte zwischen lobenden Äußerungen am Anfang und einem aufmunternden Schluss verpackt sein.

Das Führen mit Zielvereinbarungen funktioniert nur, wenn Führungskräfte gemeinsam mit ihren Mitarbeitern im Gespräch echte Vereinbarungen treffen, statt Vorgaben zu machen. Solche Gespräche werden nicht zwischen Tür und Angel geführt, sondern erfordern Zeit für eine intensive Vor- und Nachbereitung sowie Durchführung.

Folgende Fragen sollen Sie dabei unterstützen:

Fragen zur Vorbereitung auf das Zielvereinbarungsgespräch

Fragen an den Mitarbeiter:

- Welche Arbeitsziele/Aufgaben sind von Ihnen vorrangig, welche nachrangig behandelt worden?

- Was war bei Ihrer Arbeit hinderlich?

- Welche Ihrer Fähigkeiten konnten Sie voll, welche bedingt einsetzen?

- Für welche andere Tätigkeit glauben Sie auch oder besser geeignet zu sein?

- Welche zukünftigen Arbeitsziele/Aufgaben halten Sie für wichtig?

- Was konnten Sie oder das Unternehmen für Ihre berufliche Weiterbildung tun?

- Welche Erwartungen und Vorstellungen haben Sie hinsichtlich Ihrer beruflichen Entwicklung?

- Was halten Sie darüber hinaus noch für wichtig?

Fragen an die Führungskraft:

- Welche Ziele werden mir als Führungskraft gesetzt?

- Welche Ziele würden die Förderung meines Mitarbeiters unterstützen?

- Welche Ziele möchte ich dem Mitarbeiter setzen?

- Kann es zu Interessenkonflikten kommen oder entgegengesetzten Einschätzungen?

- Welche Schwierigkeiten können bei der Durchführung entstehen?

- Welche Personen sind mitbeteiligt?

- Welche Unterlagen, Informationen und Hilfsmittel müssen zur Verfügung stehen?

- Welche Kontrollen sind zu vereinbaren?

- Welche Unterstützung kann ich als Führungskraft bieten?

Anhand der Fragen lässt sich schon erkennen, dass die zu vereinbarenden Mitarbeiterziele in ein Gesamtzielsystem eingebettet werden müssen. Globale und abstrakte Unternehmensziele müssen in konkrete, beschreibbare und vor allem messbare Größen übersetzt werden, die den Anteil der Mitarbeiterleistung an den Unternehmenszielen verdeutlichen.

Bei diesem Verfahren handelt es sich um eine Zielhierarchie in einem verschränkten Top-Down- und Bottom-Up-Vorgehen. Mitarbeiterziele werden über die Unternehmensstrategie aus den Unternehmenszielen, d. h. Top-down abgeleitet: Unternehmens-, Bereichs-, Team- bis hin zu Mitarbeiterzielen. Welche Auswirkungen es für das Gesamtunternehmen hat, dass die individuellen Ziele erreicht werden, wird hingegen Bottom-up dargestellt.

Hohe Abstraktions- und Komplexitätsgrade von Zielen, Unsicherheit und mangelnde Erfahrung mit Operationalisierung und Evaluation führen ebenso oft zum Scheitern von doch so gut gemeinten Zielvereinbarungssystemen, wie wenig Kenntnis über effektive Gesprächsführungstechniken.

Vor diesem Hintergrund ist es ratsam, sich professioneller Unterstützung zu bedienen oder sich mithilfe der inzwischen zahlreichen Veröffentlichungen über Zielvereinbarungssysteme in der Managementliteratur das notwendige Wissen anzueignen.

Der stetig wachsende Trend zu variabler Vergütung verleiht dem Thema Zielvereinbarungen neue Brisanz. Weg von den früheren Nasenprämien hin zu nachvollziehbaren Zulagen, die sich an der individuellen Leistung des Mitarbeiters orientieren, heißt die Devise. Einen Überblick bietet der nachfolgende Abschnitt.

▪ Motivation durch Geld

Wenngleich in der Motivationspsychologie intrinsische Motivatoren im Rahmen der Leistungsmotivation mehr und mehr in den Vordergrund rücken, werden extrinsische Motivatoren, insbesondere materielle Aspekte, keineswegs unwichtig. Sie sichern den Lebensstandard und schaffen so die Voraussetzungen dafür, hedonistische Neigungen ausleben zu können. Eine zeitgemäße Arbeitsmotivation muss beide Komponenten beinhalten. Nur so kann sichergestellt werden, dass in den Unternehmen optimale Ergebnisse erreicht werden.

GERECHTIGKEITSEMPFINDEN

Jeder Mitarbeiter möchte das Gefühl haben, dass er gerecht für seine Leistung entlohnt bzw. belohnt wird. Wenn nachfolgend von Belohnungen gesprochen wird, sind damit auch nicht monetäre Anreizaspekte gemeint, wie z. B. Aufstiegsmöglichkeiten, die natürlich auch mit einer Gehaltserhöhung einhergehen.

GERECHTIGKEITSTHEORIEN
KERNAUSSAGEN
FOLGERUNGEN FÜR DIE PRAXIS

Menschen unterliegen ständigen Vergleichsprozessen. Schon in der Schule vergleichen Kinder die Ausstattung ihres Schulranzens mit dem anderer Kinder. Mitarbeiter bewerten die Gerechtigkeit der für ihre Leistung erhaltenen Belohnungen, indem sie ihr Ergebnis mit den Leistungen und Belohnungen anderer Kollegen vergleichen.

Voraussetzung zur Einschätzung dieses Input-Output-Verhältnisses ist, dass es vergleichbare Dimensionen wie Alter, Qualifikation, Berufserfahrung etc. gibt. Sobald der Kollege aufgrund fehlender Gemeinsamkeiten für den Vergleich nicht relevant ist, akzeptiert der Mitarbeiter auch eine vermeintlich ungerechte Verteilung der Belohnung.

Wie in den Gerechtigkeitstheorien postuliert, kann ein Mitarbeiter mit folgenden Verhaltensweisen signalisieren, dass er Ungerechtigkeit erlebt:

- Er erhöht seinen Arbeitseinsatz, macht Überstunden.
- Seine Arbeitsleistung nimmt ab, Anstrengung und Engagement sinken.
- Er zieht andere Personen, deren Input-Output-Verhältnis noch unausgewogener ist, zum Vergleich heran und wertet damit seine eigene Situation auf.
- Er verbalisiert seine Unzufriedenheit: Gehaltsforderung.
- Er resigniert: erhöhte Abstinenzrate bis hin zur Kündigung.

Die Aufzählung deutet darauf hin, dass den Mitarbeitern, die sich ungerecht behandelt fühlen, vielfältige Reaktionsmöglichkeiten zur Verfügung stehen. Hier ist die Führungskraft aufgefordert, Signale frühzeitig zu erkennen, nachvollziehbare Erklärungen zu geben und wahrgenomme Unstimmigkeiten bei der Verteilung von Belohnungen zu reduzieren.

Zu beachten ist, dass karrieretechnische (Be)Förderungen sowie die Verteilung der monetären Ressourcen nach klar formulierten und allgemein akzeptierten Regeln erfolgen sollten. Sie müssen eindeutig und für alle Mitarbeiter transparent sein.

GEHALTSFORDERUNG – EINE FRAGE DER BEDÜRFNISSE

Geld ist ein Hygienefaktor (vgl. auch Theorie von Herzberg im Abschnitt „Welche Bedürfnisse hat der Mensch?"). Das heißt, es sind marktgerechte Löhne zu zahlen, da ansonsten Unzufriedenheit entsteht bzw. keine geeigneten Personen zur Mitarbeit zu gewinnen sind.

Ein Mitarbeiter bittet Sie um eine Gehaltserhöhung. Er hat in der Vergangenheit ein größeres Projekt geleitet, das sehr erfolgreich abgeschlossen wurde. Dennoch sind Sie als seine Führungskraft überzeugt, dass er anforderungs- und leistungsgerecht bezahlt wird und zudem in seinem privaten Umfeld keinen zusätzlichen finanziellen Verpflichtungen nachkommen muss.

Die Frage, die sich aus diesem Beispiel ergibt, lautet: Warum möchte der Mitarbeiter für den erfolgreichen Projektabschluss dennoch eine Gehaltserhöhung? Vor dem Hintergrund der Kenntnisse, die Sie über diesen Mitarbeiter haben, scheint hier Geld eher Mittel zum Zweck zu sein als der Sicherstellung seines Lebensstandards zu dienen.

Welches Bedürfnis also möchte dieser Mitarbeiter mit Geld befriedigen? Tatsache ist, dass Gehaltsforderungen häufig nur ein Indiz für den Wunsch nach mehr Anerkennung und persönlicher Wertschätzung sind. Existenzielle Bedürfnisse, wie Essen, Trinken und das Gefühl materieller Sicherheit sind in unseren Breitengraden weitgehend von selbst erfüllt. Damit bilden sie nicht die Hauptursache für Forderungen nach mehr Gehalt, Prämien etc. Was verbirgt sich eigentlich hinter dem Wunsch nach mehr Geld?

- Soziale Bedürfnisse: Geld soll ein Zugehörigkeitsgefühl vermitteln. Der Mitarbeiter möchte einer bestimmten Personengruppe mit entsprechendem Gehalt zugehören.
- Bedürfnis nach Anerkennung und Bestätigung: Der Mitarbeiter möchte, dass seine Leistung anerkannt wird. Geld verdeutlicht, dass das Unternehmen den Beitrag des Mitarbeiters wertschätzend wahrnimmt.
- Bedürfnis nach Selbstverwirklichung: Der Mitarbeiter möchte mehr Verantwortung übernehmen. Er wünscht eine herausforderndere und anspruchsvollere Aufgabe.

Geld wird zum äußerst kurzfristigen Motivator, wenn die existenziellen Bedürfnisse weitgehend befriedigt sind. Mit dem Anreiz mehr Geld reagieren Sie nur auf die Symptome, beseitigen aber nicht die Ursache. Sie gelangen in eine Spirale abwärts, die kein Ende nimmt.

Schauen Sie hinter die Kulissen? Welche Bedürfnisse möchte der Mitarbeiter mit Geld befriedigen? Welche Alternativmöglichkeiten bietet das Unternehmen, den Mitarbeiter hin zur Leistungserbringung zu aktivieren? Sobald Sie verschiedene Anreizmöglichkeiten überprüft haben, sprechen Sie mit dem Mitarbeiter, um sicherzustellen, dass sie auch aus seiner Sicht attraktiv sind.

DIE WIRKUNG VON FINANZIELLEN ANREIZEN

Bevor wir Ihnen konkrete Hinweise hinsichtlich der Gestaltung finanzieller Anreize geben, möchten wir auf einen entscheidenden Aspekt hinweisen: Menschen wollen Unterschiedliches in ihrem Leben erreichen. Sie haben verschiedene Bedürfnisse und Wünsche, ihre Ziele und Prioritäten weichen voneinander ab.

Es gibt Mitarbeiter in Unternehmen, die vor allem auf von außen gesetzte Anreize reagieren, so genannte extrinsisch Motivierte. Arbeit wird eher als unangenehm angesehen, das Interesse gilt dem Entgelt und dem daraus erzielten Nutzen: Konsum von Gütern und Dienstleistungen oder Macht und Status.

Zum anderen gibt es Mitarbeiter, deren Leistungsdrang von ihnen selbst bestimmt wird, die intrinsisch Motivierten. Wenn es um die Gestaltung motivierender Rahmenbedingungen geht, legen diese Mitarbeiter eher Wert auf Lob, Partizipation und Autonomie (vgl. die Ausführungen zu extrinsischer und intrinsischer Motivation im Abschnitt: „Was ist Motivation?").

> Monetäre „Belohnung" kann leistungssteigernd und leistungsmindernd wirken. Entscheidend ist die individuelle Motivationsstruktur der Mitarbeiter.

Auf der Basis von Untersuchungen lassen sich für die Gestaltung von Anreizsystemen Empfehlungen ableiten. Finanzielle Anreize wirken dann motivierend, wenn:

- Sie hohe Leistungsstandards setzen.
- Die Beziehung zwischen Leistung und Entlohnung klar, eindeutig und für den Mitarbeiter einsichtig ist.
- Das Ausmaß des Anreizes groß genug ist. Die Belohnung muss für den Mitarbeiter spürbar sein, sie muss auffallen.
- Sie ausschließlich für erbrachte Leistungen belohnen. Ein Anreiz der zur Selbstverständlichkeit wird, motiviert nicht mehr.
- Der Zeitpunkt der Belohnung richtig getroffen ist. Die Belohnung sollte zeitlich nicht so stark von der Erreichung des Zieles entfernt sein.
- Die Belohnung – vor dem Hintergrund der Gerechtigkeitstheorien – fair ist.

Wie binden Sie Top-Mitarbeiter an das Unternehmen?

War es lange Zeit die größte Problematik von Unternehmen, die einst erworbenen Mitarbeiter im Zuge von Veränderungen - Stichwort Prozessoptimierung - so schnell und kostengünstig wie möglich auszugliedern, so zerbrechen sich heute die Unternehmensspitzen den Kopf darüber, wie sie die Top-Leister am effizientesten langfristig an das Unternehmen binden.

Unternehmen wissen um ihre Lage, denn im Zuge der Globalisierung haben sich nicht nur ihnen neue Tätigkeits- und Schaffensfelder erschlossen, sondern und vor allem ihren Mitarbeitern. Laut einer von Kienbaum International Consultants veröffentlichten Studie sank die durchschnittliche Verweildauer von Mitarbeitern in einer Unternehmung auf gerade mal 18 Monate.

Die Gründe für das sprunghafte Verhalten der Mitarbeiter sind breit gefächert. War es früher vorzugsweise der Gehaltsscheck – die materielle Vergütung – so sind es heute eher die immateriellen Anreize, die zwischen Bleiben und Wechsel entscheiden. Neben interessanten, herausfordernden Arbeitsinhalten und Anerkennung zählen nicht nur die Arbeitsorganisation sowie die angebotenen Entwicklungsmöglichkeiten, sondern auch die Identifikation der Mitarbeiter mit der Unternehmensstrategie und Unternehmenskultur zu den heutigen Risikofaktoren.

Fluktuations- und Fehlzeitenquoten aus dem Controlling oder Angaben über den Anteil interner Stellenbesetzungen von Fach- und Führungspositionen und die Anzahl von Initiativbewerbungen geben erste warnende Hinweise: Besteht in der Unternehmung in den oben genannten Punkten Entwicklungsbedarf und wenn ja, in welchem Ausmaß? Aber Konsequenzen werden noch zu selten aus den Kennzahlen gezogen.

Wie also kann der Mitarbeiter von heute mit seinen Erwartungen und Vorstellungen erfolgreich und langfristig an das Unternehmen gebunden werden? Wie kann sich ein Unternehmen das Wissen des Mitarbeiters längerfristig zugänglich machen und seine Leistungsbereitschaft steigern, ohne ihn nach vollendeter Entwicklungsarbeit an den nächsten Arbeitgeber zu verlieren?

So genannte Retentionprogramme sind in der Regel äußerst umfassend und facettenreich. Um diese auf den konkreten Bedarf der Leistungsträger abzustimmen, ist es wichtig, sich neben den rein quantitativen Kennzahlen auf qualitative Daten zu stützen. Dazu empfehlen wir den Einsatz folgender Instrumente:

- Strategische Mitarbeiterbefragung: Einschätzung von Führung, Qualifikation, Arbeitsklima, Leistungsstandards, Zusammenarbeit, Karrieremöglichkeiten etc.
- Analyse der Austrittsgründe durch strukturierte Exit Interviews.
- Erhebung des Arbeitgeber-Images auf dem externen Bewerbermarkt.

Auf der Basis der Analyseergebnisse sollten im nächsten Schritt Programme bestehend aus integrativen Bausteinen aufgestellt werden, die auf Unternehmens-, Führungs- und Mitarbeiterebene greifen. Es gilt, diese der Mitarbeiterschaft transparent zu machen und mittels einer zügigen Umsetzung einzelner Maßnahmen „quick wins" zu schaffen. Beispielhaft werden nachfolgend wichtige Handlungsansätze einer mitarbeiterbindenden Personalstrategie genannt.

- Potenzialanalyse: Identifizierung der Leistungsträger und Ableitung von Personalentwicklungsmaßnahmen.
- Vertrauliches Beratungs- und Perspektivengespräch: Selbsteinschätzung, Reflexion der eigenen Ziele, Vereinbaren von Karriere- und Entwicklungswegen.
- Gestaltung eines attraktiven Weiterbildungsprogramms auf der Basis strategischer Anforderungsprofile. Academy-Modelle, Feedback-Instrumente, On- und Off-the-Job-Qualifizierungsangebote
- Design von intelligenten, langfristig wirkenden Vergütungsmodellen (long term incentive plans).
- Angebot von externen und internen Sparringspartnern: Coaching-Modelle/Mentoring.
- Durchführung von Teambildungsveranstaltungen und gemeinsamen Off-the-Job-Aktivitäten.

Die Vielfalt der dargestellten Handlungsmöglichkeiten signalisiert, dass Retention als integriertes Maßnahmenbündel verstanden werden kann und sich damit äußerst komplex gestaltet. Der Grund dafür sind die vielfältigen Einflussgrößen, wie Sinn und Spaß an der Arbeit, Freiheit, Selbstbestimmung und Verantwortung, Lohngerechtigkeit, Arbeitsklima etc., auf die Leistungsbereitschaft und Motivation der Mitarbeiter. Die Kunst besteht darin, die verschiedenen Handlungsmöglichkeiten so miteinander zu verknüpfen, dass ein sinnvolles, langfristig angelegtes Konzept entsteht.

Zusammenfassung

DIE WICHTIGSTEN BOTSCHAFTEN FÜR SIE ZUSAMMENGEFASST:

Was treibt uns tagtäglich an Herausforderungen anzunehmen, Energien zur Zielerreichung zu mobilisieren und nach Misserfolgen wieder aufzustehen und weiterzumachen?

Die Motivation der Menschen ist sehr unterschiedlich ausgeprägt und variiert zwischen „Teelicht-Dasein" und „Bunsenbrenner-Mentalität". Die Ursache liegt in den verschiedenen Einflussfaktoren begründet.

■ Motive, Bedürfnisse und Anreize
Motive sind der innere Motor, der uns antreibt, Leistung zu erbringen und Ziele zu erreichen. Anreize sind die situativen Bedingungen, die Motive so anregen, dass es zum Handeln kommt. Besteht keine reale Chance, seine Motive und Bedürfnisse zu befriedigen, werden auch keine Energien freigesetzt.
Die Vielschichtigkeit der menschlichen Bedürfnisse lässt sich in fünf Klassen zusammenfassen: physiologische Bedürfnisse, Sicherheitsbedürfnisse, soziale Bedürfnisse, Ich-bezogene Bedürfnisse und Bedürfnis nach Selbstverwirklichung. Die Aufgabe der Führungskraft besteht darin, Rahmenbedingungen zu schaffen, die den Mitarbeitern Möglichkeiten bieten, ihre Bedürfnisse zu befriedigen und damit ihre Motivation zu finden.

- Allgemeine und spezifische Motivation
  Jeder Mensch besitzt einen inneren Antrieb etwas zu gestalten und zu bewirken. Die Energie, Kraft und Ausdauer, die man investiert, hängt jedoch von der subjektiven Bedeutsamkeit des verfolgten Ziels ab.

- Intrinsische und extrinsische Motivation
  Intrinsische Motivation ist in sich selbst belohnend, aus dem inneren Antrieb heraus wird Leistung erbracht. Extrinsische Motivation hingegen ist auf die Umwelt und deren Anreize (z. B. Vergütung) konzentriert. Menschen unterscheiden sich hinsichtlich ihrer Ausprägung dieser zwei Motivationsarten.

- Erfolgserwartung und Handlungsfolgen
  Bevor sich der Mensch für eine Handlung entscheidet, laufen kognitive Bewertungsprozesse ab. Wie hoch ist die Wahrscheinlichkeit, das Ziel zu erreichen? Welche Konsequenzen zieht die Handlung nach sich? Besitzt die Handlung und dessen Folge eine hohe subjektive Wertigkeit, ist eine hohe Leistungsbereitschaft spürbar.

Grundvoraussetzung für die aktive Steuerung des Motivationsprozesses im betrieblichen Kontext ist die Analyse der individuellen Bedürfnisstruktur und möglicher Ursachen für Demotivation. Neben Mitarbeiterbefragungen können Workshops und Mitarbeitergespräche lösungsorientierte Ansätze liefern ein Spielfeld zu schaffen, auf dem die Mitarbeiter Lust verspüren ihren Einsatz zu bringen.

Mit dem gezielten Einsatz verschiedener Führungstools (Delegation, Ziele, Vergütung) ist es Aufgabe jeder Führungskraft ein Umfeld zu kreieren, in dem sich jeder Mitarbeiter bzgl. seiner individuellen Bedürfnis- und Motivstruktur selbst motivieren kann.

Konfliktmanagement

Konflikte sind zumeist emotional, gefühlsbeladen. Neben die inhaltlichen Differenzen, die z. B. auch bei Verhandlungen vorliegen, tritt ein persönliches involviert sein, das in aller Regel zu persönlichem Unwohlsein führt. In Konflikten treten typische Phänomene der Wahrnehmungsverzerrung auf sowie bestimmte, fast stereotypisierte Handlungsabfolgen.

Als außenstehender Beobachter gewinnt man zumeist das Gefühl, dass sich die Konfliktparteien im Kreise drehen und sich z. T. ohne externe Moderation aus den sich immer und immer wiederkehrenden Schleifen nicht befreien können. Führungskräfte stellen sich oft die Frage, wie sie zu einer Klärung der Konflikte beitragen können.

Es kann sich dabei um ihre eigenen, mehr noch aber um Konflikte zwischen ihren Mitarbeitern handeln. In letzterem Fall befindet man sich mehr in der Rolle des externen Moderators oder Beraters und hat bisweilen Mühe, nicht selbst in die Konflikte hineingezogen zu werden.

Der Begriff Konfliktmanagement bezieht sich auf die Frage, wie im professionalisierten Umfeld mit Konflikten umgegangen werden kann und vor allem soll. Der Begriff Konfliktfähigkeit bezeichnet einen typischen Soft Skill, der in standardisierten Auswahlverfahren immer häufiger zu einer der Schlüsselqualifikationen wird. Und es ist auch verständlich warum: Konflikte führen zu Reibungen, zu einer Störung der Abläufe und sind unter dem Gesichtspunkt der Arbeitsproduktivität absolut dysfunktional.

Auch wenn sich Konflikte nicht vermeiden lassen, kann man dennoch von Mitarbeitern und Führungskräften ein bestimmtes Verhalten erwarten, was zur Lösung der Konflikte beiträgt. Es ist unverständlich, wenn Menschen im betrieblichen Umfeld Verhaltensweisen an den Tag legen, die sogar gezielt darauf gerichtet sind, Konflikte anzuheizen.

Wir werden uns in diesem Kapitel den psychologischen Mechanismen nähern, die Konfliktverläufe steuern, die Verhandlungen zum Scheitern bringen, die zu Wahrnehmungsverzerrungen der Parteien führen. Zum Ende dieses Kapitels stellen wir Ihnen pragmatische Strategien im Umgang mit Konflikten vor, die sich aus den zuvor geschilderten psychologischen Mechanismen ableiten lassen.

Welche Arten von Konflikten gibt es?

Von Konflikten spricht man dann, wenn zwischen den Akteuren – dies können Gruppen, Einzelpersonen oder Organisationen sein – eine wechselseitige Beziehung besteht und im Rahmen dieses Miteinanders Unvereinbarkeiten im Denken, Fühlen und Wollen bestehen und sich diese Unvereinbarkeiten im Handeln niederschlagen. Kurz gesagt: Unvereinbare Elemente treffen aufeinander, es „kracht".

In der Psychologie bzw. insgesamt in der Konfliktliteratur werden verschiedene Konflikttypen unterschieden. Diese Unterscheidungen werden spätestens dann sehr interessant, wenn man sich an die externe Moderation eines Konflikts begibt und nach der richtigen Interventionsstrategie sucht.

Eine erste Unterscheidung wird zwischen heißen und kalten Konflikten getroffen. Heiße Konflikte bestehen in einem aktiven, aggressiven Aufeinanderprallen zwischen den Parteien. Es wird offen diskutiert, gestritten, miteinander gerungen, miteinander gekämpft.

Kalte Konflikte dagegen zeichnen sich durch Sabotage und unterschwellige Aggression aus. Die Konfliktparteien arbeiten auf subtile, destruktive Weise gegeneinander. Nicht Aggression, sondern Resignation, Verbitterung bestimmen das emotionale Geschehen. Für externe Moderatoren sind kalte Konflikte die große Herausforderung. Denn die zu moderierenden Konfliktparteien leugnen auf direkte Nachfrage sogar den Konflikt: „... wie kommen Sie denn darauf? Wir verstehen uns wirklich prächtig."

Ein externer Moderator/eine externe Moderatorin findet sich hier – im Gegensatz zu einem heißen Konflikt – in der Situation, den Konflikt zunächst an die Oberfläche holen zu müssen. Ein heißer Konflikt ist dagegen sichtbar, auch für den Moderator oder die Moderatorin spürbar, z. B. an der Stimmung der Konfliktparteien.

Eine weitere Unterscheidung wird zwischen formgebundenen und formlosen Konflikten getroffen. Formgebundene Konflikte finden sich in dem rituellen, regelmäßigen Aufeinanderprallen von Tarifparteien. Formlose Konflikte folgen keiner immanenten Regel, bedienen sich keiner ritualisierten Angriffs- oder Verteidigungstechnik.

Für Konfliktmoderatoren ist auch diese Unterscheidung interessant. Denn in formgebundenen Konflikten sind die Beteiligten oftmals wesentlich weniger persönlich involviert, weil die durch die Form gegebenen Grenzen des Konflikts eine gewisse Schutzwirkung für die beteiligten Individuen haben.

Die Moderation kann sich dagegen ungleich schwieriger gestalten, da nur sehr schlecht mit Techniken gearbeitet werden kann, die zu einer Konfliktlösung beitragen, indem sie individuelles Verständnis oder persönliche Nähe herstellen. Man kann in einem formgebundenen Konflikt nicht einfach zwei Beteiligte an einen Tisch bringen und versuchen mittels einer Konfliktmoderation einen besseren, einen verständnisvolleren Umgang miteinander zu erreichen.

Wie entstehen Konflikte?

Es gibt keine psychologische Theorie und auch keine Theorie aus einer anderen wissenschaftlichen Disziplin, die eine pauschale Erklärung für das Entstehen von Konflikten geben kann. Ein solcher Versuch wäre auch unsinnig, da Konflikte derart vielgestalt sind, dass eine umfassende Erklärung an der Wirklichkeit scheitern muss. Allerdings gibt es Überlegungen zu Bedingungen, die Konflikte fördern können. So gibt es Konfliktmodelle, die die Organisationsform in den Mittelpunkt stellen:

KONFLIKTPOTENZIAL AUFGRUND DER FORM DER ZUSAMMENARBEIT

Abteilungen, die im Sinne eines Gesamtziels ihre Aktivitäten koordinieren müssen – also in einem gleichrangigen Verhältnis zueinander stehen – geraten typischerweise an dem Punkt Informationsweitergabe aneinander. Noch höher ist das Konfliktpotenzial, wenn es sich bei den zu koordinierenden Arbeitsabläufen um vernetzte Vorgänge handelt, d. h. die eine Abteilung erst tätig werden kann, wenn die andere Abteilung bestimmte Aufgaben erledigt hat.

Typisch ist eine solche Konstellation in Verwaltungen: Die Abteilung Kassenwesen kann z. B. ihre Überweisung erst tätigen, wenn die Personalabteilung die Einstellungsunterlagen vollständig bearbeitet hat. Die Personalabteilung ihrerseits kann erst dann die Unterlagen komplett bearbeiten, wenn alle Informationen aus den Außenstellen vorliegen.

Auch Hierarchien sind typischerweise Konfliktherde: Übergeordnete Instanzen können durch Anweisungen, Verordnungen, Sanktionen in den Entscheidungsspielraum der nachgeordneten Abteilungen/Stellen eingreifen. Konflikte resultieren hier häufig aus der Form des Eingriffs. Beispiele hierfür können der Missbrauch von Macht, unkluge Entscheidungen hinsichtlich der Arbeitsabläufe der betroffenen Abteilungen/Stellen sein usw.

KONFLIKTPOTENZIAL AUFGRUND DES ORGANISATIONSTYPS

Die Form der Organisation an sich kann ein potenzieller Konfliktherd sein. Stellen Sie sich eine Werbeagentur vor, in der die Kreativen gewisse professionelle Freiheiten für sich in Anspruch nehmen. Beispielsweise, morgens um 11 Uhr zu kommen, abends um 23 Uhr zu gehen. Ein Agenturleiter, der versucht hier geregelte Arbeitszeiten einzuführen, kann sich des Widerstands seiner Mitarbeiter/Mitarbeiterinnen sicher sein.

In einem großen Unternehmen, z. B. der Verwaltung eines Mineralölkonzerns, würde die Frage nach derart flexiblen Arbeitszeiten wohl niemals gestellt werden! Das liegt daran, dass die Organisation bzw. der Organisationstyp völlig andere Ziele verfolgt. Nämlich im ersteren Fall Produktion von Kreativität und im Fall der Verwaltung Sicherstellung effizienter Prozesse/Abläufe.

Auch für andere Organisationsformen lassen sich Konfliktherde ausmachen: So gibt es typische Konflikte in Dienstleistungsunternehmen sowie in Unternehmen, die sich vornehmlich als produzierend begreifen, z. B. das Werk eines Automobilherstellers. Für Organisationsberater ist es in jedem Fall sehr sinnvoll mögliche Konfliktherde zu kennen. Denn Konfliktbewältigung heißt auch, einen Konflikt in seinem Ausgangspunkt zunächst richtig zu lokalisieren, bevor Maßnahmen vorgeschlagen werden können.

KONFLIKTPOTENZIALE, DIE IM ZWISCHENMENSCHLICHEN UMGANG LIEGEN

Neben Organisationstypen, Arbeitsabläufen, d. h. allen denkbaren externen Faktoren, dient vor allem der persönliche Umgang der Menschen als Konfliktherd. Denn auch die angesprochenen Organisationstypen bieten zunächst nur Konfliktpotenziale. Es ist keineswegs zwingend, dass Konflikte an den typischen Stellen auch auftreten.

Sofern strukturelle oder sachliche Gründe zu Konflikten führen, kommt es auf den Umgang mit den entstehenden Konflikten an. Die Konfliktursachen liegen tatsächlich nicht immer in der Reichweite der einzelnen. Und hier kommt das Individuum ins Spiel. Gibt es denn so etwas wie eine Konfliktpersönlichkeit? Sind manche Menschen streitsüchtig, manche dagegen auf Konsens, auf das Sich-Vertragen aus?

Die Alltagswahrnehmung legt einen solchen Schluss zunächst nahe. Es gibt Kollegen und Kolleginnen, die man ohne weiteres als pflegeleicht bezeichnen kann. Sie sind nur selten launisch, in aller Regel zu jedermann höflich, tolerant, belastbar, wenig aggressiv. Andere dagegen sind bisweilen in ihrem Umgang ehrverletzend, rigide, emotional labil, sie werden als aggressiv wahrgenommen.

Die Neigung zu Konflikten ist allerdings nur sehr schwer objektiv beschreibbar. Sicherlich gibt es Menschen, die im betrieblichen Umfeld immer wieder ähnliche Grenzen überschreiten, wiederkehrend bestimmte Regeln verletzen. Und man ist auch geneigt, ein bestimmtes Muster zu erkennen. Der eine ist cholerisch, der andere ist empfindlich, Frau Meier ist kompliziert, Herr Stöwe ist unverbindlich.

Allerdings kommt es bei der Beurteilung immer darauf an, in welchem Unternehmen jemand arbeitet, an welchen Aufgaben jemand sitzt, von welchem Typ die Kollegen und Kolleginnen sind. Und die beobachtbare Streitsucht kann, muss aber nicht mit dem Persönlichkeitstypus zusammenhängen. Vielfach liegt dies einfach an mangelnden, aber durchaus erlernbaren Soft Skills, z. B. an der geringen Fähigkeit zum Konfliktmanagement,.

Dies ist auch der Grund, warum wir uns an dieser Stelle nicht auf die Suche nach Persönlichkeitstypen oder Persönlichkeitsstrukturen machen, die die Entstehung von Konflikten begünstigen. Als hilfreiche Erklärung für Konflikte taugen Persönlichkeitsmodelle im betrieblichen Umfeld recht wenig, denn sie sagen Führungskräften nicht wirklich, was sie tun können.

Nach konfliktträchtigen Persönlichkeitstypen zu suchen, hätte auch den unangenehmen Effekt, dass man sie als Entschuldigung missbrauchen könnte: „Er/sie ist halt so." Anders dagegen ist die Schlussfolgerung für Führungskräfte, wenn festgestellt wird, dass ein Mitarbeiter nicht über die betrieblich notwendigen Konfliktmanagement-Fähigkeiten verfügt. Dann kann die Konsequenz nur sein, dass sich der Mitarbeiter hier schulen muss. Er muss sich die notwendigen Fähigkeiten aneignen!

Dies wirft die Situation auf die Gestaltungsmöglichkeiten des einzelnen zurück. Und damit wird Konfliktmanagement zu einer Form der eigenen Verantwortlichkeit, aus der heraus es keine Entschuldigung für bestimmte Verhaltensweisen gibt. Weder für die Führungskräfte noch für die Mitarbeiterinnen und Mitarbeiter. Konfliktmanagement im betrieblichen Umfeld kann und muss man lernen!

Zwischenmenschliche Konflikte – das muss die unerschütterliche Botschaft in Teams oder Arbeitsgruppen sein – sind vermeidbar. Sie zu vermeiden erfordert vor allem den Willen, derartige Konflikte nicht entstehen zu lassen, und natürlich erlernbare kommunikative und soziale Kompetenz. Dies muss im betrieblichen Umfeld unabhängig von Temperament, Vorgeschichte und Arbeitssituation gewährleistet sein.

Wir stellen Ihnen am Ende dieses Kapitels Methoden zur Konfliktlösung vor. Im nächsten Abschnitt konzentrieren wir uns auf psychologische Modelle, die unabhängig von individuellen psychischen Veranlagungen das Phänomen „Konflikt" näher beleuchten.

Individuelle Voraussetzungen für Konflikte

Wir werden Ihnen am Anfang diese Abschitts beschreiben, wie der Einzelne bestimmte Konfliktsituationen wahrnimmt und welche individuellen Reaktionen zu beobachten sind. Anschließend wenden wir uns Konflikten zwischen Gruppen zu.

Reaktanz: Der Motor eines Konflikts

Herr Untermann (Prokurist) nahm die Tiraden seines Chefs mit scheinbarer Gelassenheit, und dies schon seit Jahren. Die immer wiederkehrenden massiven Beschimpfungen, die persönlichen Erniedrigungen vor Mitarbeitern und Mitarbeiterinnen trug er mit Fassung und scheinbarer Loyalität. Bis der Tag kam, an dem Herr Untermann die Gelegenheit nutzte und den Steuerfahndern die entscheidenden Akten zutrug, die den Chef schwer belasteten.

Menschen reagieren, wenn sie sich subjektiv in ihrer Handlungsfreiheit eingeschränkt fühlen, mit „Reaktanz". Man kann sich, um dieses Phänomen zu verdeutlichen, durchaus einen virtuellen Schutzraum um einen Menschen vorstellen, der durch Handlungen anderer verletzt werden kann. Man kann, um es anders auszudrücken, anderen Menschen durch seine Handlungen zu nahe kommen, sie in unangenehmer Weise in ihrer eigenen Handlungsfreiheit beschränken.

Dies geschieht, wenn man jemanden vor anderen beleidigt, wenn man einem anderen Menschen Handlungsmöglichkeiten nimmt, indem man ihm z. B. den Mund verbietet. Dies kann auch geschehen, wenn man andere in ihren angestammten Rechten verletzt. Ein typisches Beispiel dafür sind strukturelle Änderungen in Unternehmen, die Mitarbeiter und Mitarbeiterinnen unvermittelt vor drastische Änderungen stellen. Hier lautet das Motto „friss oder stirb".

In Erinnerung ist uns der Fall zweier Verwaltungsämter geblieben, die auf Beschluss der Geschäftsführer fusioniert wurden. Anlässlich der Weihnachtsfeier wurde den Mitarbeitern – kurz vor dem geselligen Teil – diese Entscheidung ohne Diskussion verkündet. Die Folge war, dass in den nächsten eineinhalb Jahren die Leistung innerhalb der fusionierten Verwaltung in ungeahnte Tiefen sackte, was letztlich dazu führte, dass die Kienbaum Unternehmensberatung engagiert wurde, um den Schaden wieder zu richten.

REAKTANZTHEORIE
KERNAUSSAGEN

Grundannahmen: In einem bestimmten Rahmen haben Menschen die Freiheit, bestimmte Handlungen auszuführen oder sie zu unterlassen. Diese relative Handlungsfreiheit kann von außen eingeschränkt werden, was die entsprechende Person durchaus dulden kann. So sind beispielsweise Aufträge, d. h. Anweisungen einer Führungskraft auch Einschränkungen der Handlungsfreiheit, werden in aller Regel im Arbeitskontext aber als erlaubt definiert.

Tritt aber eine andere Person in einer Form an jemanden heran, die ihm eine Einengung seiner Handlungsfreiheit gegen seinen Willen aufzwingt, entsteht das Bedürfnis, diese Freiheitseinengung wieder aufzuheben. Dieses Bedürfnis nennt man Reaktanz.

Je wichtiger der eingeschränkte Teil des Handelns angesehen wird und je gravierender die Freiheitseinengung empfunden wird, desto stärker ist die Reaktanz. Sicherlich gibt es auch individuelle Unterschiede in der Neigung von Personen, Reaktanz zu zeigen. Beobachtungen im Alltag weisen darauf hin, dass manche Menschen hier empfindlicher reagieren als andere.

Menschen streben also an, den eigenen Handlungsspielraum wieder herzustellen, sich die verlorene Freiheit gewissermaßen wieder zu holen. Dies kann auf ganz unterschiedliche Arten geschehen. Sichtbar sind der direkte Widerspruch oder spontanes, aggressives Verhalten. Vielleicht kennen Sie auch eine Kollegin oder einen Kollegen, der auf Anweisungen aggressiv reagiert oder zumindest sofort einen Spruch auf den Lippen hat.

Reaktanz kann sich aber auch in Handlungen zeigen, die auf den ersten Blick gar nicht als Versuch zu erkennen sind, sich verloren gegangenen Spielraum zurück zu holen. So etwas findet sich z. B. in der subtilen Sabotage:

Frau Herrmann hatte sich zu einem Kundenprojekt im Vorfeld sehr viele Gedanken gemacht. Als ihre Chefin das Konzept ohne viele Worte in der Luft zerriss und ein ganz anderes Vorgehen anordnete, war Frau Herrmann tief in ihrem Innern „getroffen". Natürlich tat sie so, wie ihr geheißen war, wickelte die konkreten, operativen Aufgaben ganz exzellent ab.

Nur überhörte sie an gegebener Stelle einige Vorbehalte, die die Kunden ihr gegenüber in einem Telefonat äußerten mit dem Gedanken „... dafür ist die Chefin schließlich selbst verantwortlich. Ich mache jetzt genau das, was mir gesagt wurde. Nachdem das Projekt dann in unangenehmer Weise gegen die Wand gefahren war, saß Frau Herrmann mit ganz unschuldiger Miene in der Nachbesprechung und sagte auf die Vorwürfe der Chefin „Sorry, aber wir haben doch genau das getan, was Sie angeordnet hatten ..."

In offener Form findet sich Reaktanz auch in den trotzigen Verhaltensweisen von Kindern. Perfekt manifestiert sich Reaktanz im Berufsleben auch in dem, was wir Dienst nach Vorschrift nennen. Reaktanz ist in Konflikten dasjenige Element, das einen Konflikt erst zu einem klassischen Konflikt werden lässt: So nicht! Trotz, Wut, Enttäuschung, das gegeneinander Kämpfen, die Beleidigungen u. a. sind letztlich Versuche die eigene Autonomie zu bewahren, die durch die Unvereinbarkeit des Wollens der Gegenseite mit dem eigenen Wollen angegriffen scheint. Aus diesem Grund ist die Reaktanz auch der größte Feind einer Konfliktlösung.

Bemerkenswert ist auch der Sleeper-Effekt: Ist es für die Person ungünstig, direkt Reaktanzreaktionen zu zeigen, weil dies sofortige Sanktionen zur Folge hätte, wird die Person diese Reaktionen zunächst unterdrücken. Und zwar so lange, bis sich eine Gelegenheit ergibt, sich die verlorene Freiheit wieder zu holen.

Dies hat zur Folge, dass Führungskräfte, die einen wenig kooperativen, eher autoritären Verhaltensstil pflegen und damit den Mitarbeitern häufig auf die Füße treten, damit rechnen können, dass irgendwann eine Revanche stattfindet. Zumeist dann, wenn die Machtmittel der Führungskraft aus irgendeinem Grund versagen. Die Führungskraft gerät im Unternehmen z. B. in die Schusslinie einer übergeordneten Führungskraft oder es ergibt sich eine andere günstige Gelegenheit die Führungskraft unbeschadet bloßzustellen.

Folgerungen für die Praxis

Ein kooperativer Führungsstil hat keineswegs nur die Funktion nett zu sein, sondern auch, die Loyalität der Mitarbeiter zu erzeugen und zu erhalten. Denn insbesondere die durch unerlaubte Freiheitseinschränkung entstandene Reaktanz ist der Feind von Loyalität.

Selbstwert und Selbstwertschutz

Betrachtet man als Außenstehender zwei Personen, die sich in einem heißen oder auch kalten Konflikt befinden, beobachtet man z. T. typische Verhaltensweisen. Das können gegenseitige Schuldzuweisungen sein, eigene Anteile am Konflikt werden negiert, es herrscht Schwarz-Weiß-Denken oder man beobachtet Wahrnehmungsverzerrungen. Interviewt man beide Konfliktpartner in separaten Settings, ist man manchmal überrascht, dass die einzelnen Schilderungen der konfliktären Situation in keiner Weise übereinander passen.

Es scheint, als könne man sich noch nicht einmal auf den Gegenstand eines Konflikts einigen. Die Wahrnehmungen der Konfliktparteien scheinen völlig unterschiedlich zu sein. Zusammenfassend erklären lassen sich solche Reaktionen u. a. durch den Aspekt des Selbstwertschutzes. Zusätzlich sind sicherlich viele Mechanismen am Werk. Wut, Enttäuschung, Hilflosigkeit führen zu einer ganzen Palette von Reaktionen, die die objektive Betrachtung von Gegebenheiten deutlich einschränken.

SELBSTWERTSCHUTZ, SELBSTWERTERHÖHUNG
KERNAUSSAGEN

Grundannahmen: Menschen streben danach, das Selbstwertgefühl zu schützen und zu erhöhen. Dieses Bedürfnis ist wiederum davon abhängig, wie gut ausgeprägt das Selbstwertgefühl ist. Je niedriger das Selbstwertgefühl einer Person, desto heftiger fallen mitunter die Reaktionen aus, die eigene Person zu schützen. Der Schutz des Selbstwerts kann sich auf die Informationsaufnahme auswirken, man sieht bestimmte Dinge nicht mehr, auf Prozesse des sozialen Vergleichs, man vergleicht sich z. B. mit schwächeren Personen, und auf die Erklärung von Erfolgen und Misserfolgen, die internal bzw. external sein kann. Das geschilderte Bedürfnis nach Schutz des Selbstwerts führt u. a. zu folgenden Verhaltensweisen:

- Selektive Informationssuche: Personen suchen nach selbstwertstützenden Informationen. Eine Führungskraft könnte nach einem Misserfolg genau nach jenen Informationen suchen, die klarmachen, dass auch viele andere Führungskräfte in ähnlichen Situationen Schwierigkeiten haben, und dabei unterschlagen, dass vielleicht die Masse an Führungskräften dies nicht hat.

- Vergleich „nach unten": Menschen wählen – insbesondere wenn es um den Vergleich von Aspekten geht, die mit Leistung verbunden sind – häufig Bezugspersonen, die deutlich schlechter sind. Und dies auch, wenn die Bezugspersonen gar nicht für einen Vergleich taugen. So könnte sich eine Führungskraft, die gerade einen Misserfolg in einer Kundenpräsentation erlebt hat, sagen: „... ach meine Mitarbeiter hätten das auch nicht besser gemacht." Damit verkennt die Führungskraft natürlich, dass jemand Führungskraft ist, weil er es besser können soll!

- Selbstwertdienliche Erklärungen von Erfolgen und Misserfolgen: Misserfolg wird durch externe Faktoren begründet, während Erfolge gern auf die Person selbst zurückgeführt, also internal erklärt werden.

Konflikte bedrohen je nach Intensität sehr oft das Selbstwertgefühl. Man fühlt sich als Person angegriffen, hat Ängste vor eigener Bloßstellung und persönlicher Verletzung. Auch Angst vor dem Verlust von Ansehen, vor dem Verlust wichtiger Sozialkontakte spielt eine Rolle. Im Sinne des Selbstwertschutzes kann – etwas salopp ausgedrückt – vor sich selbst gelogen und betrogen werden, dass sich die Balken biegen.

Absurde Handlungen erscheinen den Beteiligten als rational und vernünftig. Die Theorie des Selbstwertschutzes beschreibt zwar nicht das Auftreten von Konflikten. Sie beschreibt aber einige in Konflikten zu beobachtende Phänomene. Die unterschiedlichen Wahrnehmungen des tatsächlichen Konfliktgegenstands durch die Konfliktparteien können durchaus selbstwertdienlich sein. Zumeist ist ja in der eigenen Konstruktion der Situation der andere Schuld!

Eine Kollegin aus dem Trainingsbereich erlebte eines Tages z. B. einen Trainings-Super-GAU: ein Training, das sie offensichtlich völlig an den Bedürfnissen der Trainingsteilnehmer vorbei geplant hatte und das zu entsprechend vernichtenden Kritiken geführt hatte. Noch Wochen danach schimpfte sie über die Teilnehmer, machte die Situation verantwortlich und wälzte im Internet Berichte von Trainern und Trainerinnen, die ähnliche Misserfolge erlebt hatten.

Erst langsam fand sie den Weg zu realistischer Selbstkritik, die ihr dann allerdings ermöglichte, das Training entsprechend professionell zu überarbeiten und beim zweiten Durchlauf exzellent durchzuführen. Die bittere und selbstwertbedrohende Erkenntnis, dass für dieses missglückte Training wohl weder die Teilnehmer noch irgendein anderer externer Umstand verantwortlich zu machen war, kam erst sehr spät. In diesem Fall erfolgte die Interpretation des eigenen Misserfolgs selbstwertdienlich.

Zusammenfassend lässt sich sagen, dass viele in Konflikten beobachtbare, irrationale Verhaltensweisen und Sichtweisen dem Bedürfnis nach Selbstwertschutz entspringen.

Konflikte zwischen Gruppen

Sofern Konflikte nicht nur zwischen einzelnen Personen bestehen, sondern ganze Abteilungen in das Geschehen ziehen, tritt eine Reihe weiterer interessanter psychologischer Effekte auf. Für Gruppenkonflikte typisch sind Blockbildungen in Unternehmen, die meist mit einem ausgeprägten Schwarz-Weiß-Denken einhergehen. Die eine Abteilung kämpft kollektiv gegen die andere Abteilung. Oder die Geschäftsführer streiten sich mit den Abteilungsleitern, der Betriebsrat kämpft gegen die Firmenleitung. Für solche typischen und manchmal lang andauernden Konflikte gibt es psychologisch förderliche Bedingungen.

◼ Sozialer Vergleich und Uniformitätsdruck

Die Personalabteilung einer kleineren Verwaltung lag im Dauerclinch mit der Abteilung Kassenwesen. Man war sich in beiden Abteilungen einig, dass nur die Mitarbeiter und Mitarbeiterinnen der jeweils anderen Abteilung Defizite im fachlichen wie im zwischenmenschlichen Bereich aufwiesen. Auch eine mangelnde Serviceorientierung wurde auf der jeweils anderen Seite gesehen. Die externen Kunden der Verwaltung sahen dagegen in einer Befragung bei beiden Abteilungen gleiche Defizite ...

Blockbildung bedeutet nichts anderes, als dass sich die Gruppenmitglieder in ihrer Gruppenidentität einigeln und eine Unterscheidung aufmachen wie „die anderen sind alle ..., wir dagegen sind ...“ Die andere Gruppe wird als ein relativ homogener Haufen von unsympathischen, gefährlichen und hintertriebenen Personen wahrgenommen. Jede Kommunikation wird misstrauisch beäugt.

Für Moderatoren und Moderatorinnen solcher Gruppenkonflikte ist es immer eine der schwierigsten Aufgaben im Rahmen des Prozesses nicht den Anschein von Neutralität zu verlieren. Wohlgemerkt – nur den Anschein, nicht die tatsächliche Neutralität. Denn sehr schnell kann sich in der einen Gruppe die Meinung herausbilden, der Moderator argumentiere eigentlich für die anderen. In diesem Moment wird auch er als Feind betrachtet und mit Misstrauen übersät.

Blockbildung heißt auch, dass die Gruppenmitglieder sehr eng zusammenrücken, und zwar in ihren Auffassungen, in ihrer Emotionalität und in der Bewertung von Freund und Feind. Gruppenbildung ist zunächst ein völlig normaler Prozess und ist niemals der alleinige Grund für einen Konflikt. Allerdings ist in Unternehmen die Gruppenbildung dann ein Problem, wenn dadurch die Identifikation mit der eigentlichen Gesamtgruppe, nämlich dem Unternehmen, in Gefahr gerät.

Und ein solches Problem ist keineswegs nur typisch für Großunternehmen, in denen man eine solche Gruppenbildung eigentlich aufgrund der schieren Größe vermuten würde. Auch in kleineren, mittelständischen Unternehmen kommt es häufig zu derart ungünstigen Gruppenprozessen. Abteilungen oder Teams identifizieren sich mehr mit der Leistung ihres eigenen, überschaubaren Arbeitsbereichs als mit dem insgesamt zu erreichenden Ziel. Das Konfliktpotenzial liegt also in der Gruppenidentität selbst begründet!

THEORIE SOZIALER VERGLEICHSPROZESSE
KERNAUSSAGEN
FOLGERUNGEN FÜR DIE PRAXIS

Für die Bildung einer Gruppenidentität, die letztlich zu verhärteten Fronten führen kann, nennt die Theorie sozialer Vergleichsprozesse erklärende Faktoren. D. h. Faktoren, die eine Gruppenbildung im oben genannten Sinne – unabhängig von Konflikten – fördern.

1. Menschen sind bestrebt, sich selbst, d. h. ihre Fähigkeiten, ihre Auffassungen mit anderen Menschen zu vergleichen. Zum Vergleich dienen neben objektiven Standards auch andere Personen, die – nicht immer allerdings – aus einem Pool möglichst ähnlicher Vergleichspersonen ausgewählt werden. Dies besagt das Ähnlichkeitspostulat.

   Als ähnlich werden in aller Regel die Mitglieder der Gruppe gesehen, der man sich zugehörig fühlt: „Mein Team". D. h. der Vergleich erfolgt zunächst mit Personen der eigenen Abteilung oder des eigenen Teams. Das wiederum führt – in der Art eines Kreislaufs – dazu, dass sich die Gruppenidentität stabilisiert und die Gruppe sich damit zu einer anderen Gruppe abgrenzt.

2. Darüber hinaus sind Gruppenmitglieder bestrebt, darauf hinzuwirken, dass sich in der Gruppe die Meinungs- und Fähigkeitsunterschiede ausgleichen. Man will sich hinsichtlich dessen, was man kann und was man an Auffassungen hat, annähern. Es entsteht ein bisweilen sehr starker Uniformitätsdruck.

   Die Uniformität kann dadurch, dass die einzelnen Gruppenmitglieder ihre individuellen Positionen verändern, bis hin zu einem virtuellen Gruppenstandard gesteigert werden: Durch Diskussionen bilden Teammitglieder eine Art von Gruppenmeinung. Umgekehrt kann jemand auch versuchen, die Gruppenmeinung in seinem Sinne zu beeinflussen. Eine solche Tendenz führt dann in gewisser Weise zu einer Meinungsführerschaft innerhalb einer Gruppe.

Schließlich besteht, um die Uniformität zu steigern, noch die Möglichkeit, den Vergleich mit Gruppenmitgliedern, die sehr stark von der eigenen Meinung abweichen, abzubrechen. Geschieht dies durch mehrere Gruppenmitglieder, wird das entsprechende Gruppenmitglied gleichsam ausgesondert. Als unbelehrbar wahrgenommene Teammitglieder werden irgendwann geschnitten.

Und sofern Gruppen zu einer uniformen Meinung streben, vergrößert sich womöglich der (Meinungs-)Abstand zu einer anderen Gruppe, z. B. der Abteilung X, mit der man im Sinne eines gemeinsamen Unternehmensziels eigentlich zusammenarbeiten müsste.

Der zentrale Motor ist nach dieser Theorie also der soziale Vergleich mit anderen Personen. Vorangetrieben durch diesen sozialen Vergleich geraten Gruppen in Bewegung, bilden gleichsam eine noch stärkere Gruppenidentität.

Gruppen, die als gegnerisch empfunden werden, werden aus diesem Vergleich ausgeschlossen. Das hat zur Folge, dass die Gruppenmitglieder gar nicht mehr erkennen wollen, dass auch in der anderen Gruppe durchaus bedenkenswerte Ansichten vorhanden sind. Auch mit Gruppenmitgliedern, die sehr weit vom Gruppenstandard abweichen, wird der Vergleich abgebrochen. Und wo kein Vergleich mehr herrscht, herrscht auch kein Austausch – eine für die beschriebene Blockbildung sehr förderliche Bedingung.

Folgerungen für die Praxis

Bereichsübergreifendes Arbeiten oder bereichsübergreifender Austausch - in welcher Form dies in Unternehmen auch immer möglich ist - wirkt der Abschottung einzelner Gruppen und somit den Mechanismen einer Blockbildung entgegen. Das Feld potenzieller sozialer Vergleichsgruppen wird erweitert. Obwohl dies auf den ersten Blick einfach klingen mag, liegt in der Missachtung dieses Prinzips oftmals der Schlüssel für massive Konflikte innerhalb eines Unternehmens.

Führungskräfte dürfen es auf keinen Fall zulassen, dass die Bereichs- oder Abteilungsgrenzen dicht gemacht werden. Paradoxerweise kann so etwas auch dadurch geschehen, dass innerhalb eines Teams ein ausgezeichnetes Klima herrscht – wenn das Team durch die gemeinsame Arbeit zusammengeschweißt wird, was im Sinne einer Teambildung eigentlich eine positive Sache ist. Aber gerade dann ist es die Aufgabe einer Führungskraft, die Grenzen offen zu halten, um der fast unvermeidlichen Blockbildung entgegenzuwirken.

In Erinnerung ist uns hier ein Fall aus einem mittelständischen Unternehmen: Eine neue Abteilung wurde gegründet mit einem enthusiastischen, neuen Abteilungsleiter. Dieser trieb den Teamgedanken derart auf die Spitze, dass es gründlich misslang, das neuen Teams in das Gefüge der anderen Abteilungen einzugliedern. Je besser sich die Teammitglieder innerhalb des Teams verstanden, desto größer wurde die Distanz nach außen.

Erste Warnsignale der anderen Mitarbeiterinnen und Mitarbeiter wurden abqualifiziert: „Die sind doch nur neidisch, weil wir uns so gut verstehen." Irgendwann wurde das gesamte Team von den übrigen Mitarbeiterinnen und Mitarbeitern als fremd wahrgenommen und in abteilungsübergreifende Projekte nicht mehr einbezogen. Nachdem – auch aus mehreren anderen Gründen – der Aufbau der neuen Abteilung als gescheitert galt und der Abteilungsleiter sein Team und das Unternehmen verließ, gestaltete sich die Integration der Mitarbeiterinnen und Mitarbeiter in die anderen Abteilungen als schwierig. Denn aus denen, die bislang als fern wahrgenommen wurden, sollten mit einem Male Kollegen und Kolleginnen werden!

▪ Uniformitätsdruck

Oben wurde bereits der Begriff „Uniformitätsdruck" genannt. Man kann davon ausgehen, dass gerade in kritischen Situationen, d. h. in Konfliktsituationen, der Druck in einer Gruppe hin zu einer die Gruppe festigenden Kommunikation groß ist. Einfach ausgedrückt: In Zeiten relativer Ruhe können und dürfen die Meinungen der Gruppenmitglieder schadlos voneinander abweichen. Dann wird diskutiert, dann werden andere Meinungen nicht als bedrohlich empfunden. Während im Fall eines Konflikts die abweichenden Meinungen einzelner Gruppenmitglieder einem wesentlich größeren Anpassungsdruck unterliegen.

Im Konfliktfall besteht die Gefahr, sehr viel schneller aus der jeweiligen Gruppe ausgesondert zu werden.

In einem mittelständischen Unternehmen führte dies dazu, dass zwei Mitarbeiter der Personalabteilung zu einigen Treffen, in denen eine Mitarbeiterversammlung vorbereitet wurde, nicht mehr hinzugezogen wurden. Gerade diese beiden Mitarbeiter hatten bislang auf Ausgleich und Kooperation gepocht. Aber schon das hatte gereicht, um sie als konspirativ zu betrachten und zu vermuten, dass sie wohl einen versteckten Draht zu der feindlichen anderen Mitarbeitergruppe hätten.

> Führungskräfte haben gerade in Konfliktsituationen die Aufgabe, den Uniformitätsdruck innerhalb eines Teams so zu steuern, dass einerseits eine positives Teamklima entstehen kann, andererseits keine ungünstige Ausgrenzung von Meinungen stattfindet.

Konfliktbewältigung

Konfliktbewältigung bedeutet, die trennenden Spannungen, die persönlich, strukturell oder sachlich bedingt sein können, aufzuheben. Erst wenn ein schwerer Konflikt bewältigt ist, werden Menschen wieder arbeitsfähig, beginnen Organisationen sich wieder auf ihre eigentlichen Ziele zu konzentrieren. In der Phase des Konflikts kann eine ganz eigentümliche Lähmung der Parteien beobachtet werden, so als würde der Konflikt einen Großteil der persönlichen bzw. der der Organisation innewohnenden Kräfte binden.

Im Rahmen der Konfliktbewältigung gilt es zunächst, zwischen zwei unterschiedlichen Situationen zu unterscheiden: Entweder sind Sie selbst in einen Konflikt involviert, z. B. als Mitglied einer Gruppe oder direkt als Einzelperson, oder Sie sind dazu aufgerufen, als Moderator einen Konflikt zu schlichten. Das Vorgehen ist in diesen Situationen naturgemäß jeweils ein völlig anderes. Natürlich ist das Hauptziel, nämlich den Konflikt zu lösen, in beiden Fällen gleich. Der Weg dahin ist aber unterschiedlich.

Grundsätzlich gibt es folgende Möglichkeiten, wie sich ein Konflikt zum Ende hin entwickeln kann: Entweder wird der Konflikt gelöst, d. h. die Spannung der Unvereinbarkeiten wird beseitigt, man einigt sich. Oder der Konflikt wird geregelt, d. h. er wird nicht wirklich gelöst – manchmal ist dies nicht möglich –, sondern lediglich offen gelegt und als vorhanden akzeptiert. Mit dieser offen liegenden Spannung muss man dann leben, was allemal besser ist, als einen unausgesprochenen Konflikt zu durchleiden.

Ein Konflikt kann zudem von extern entschieden werden, z. B. durch eine Führungskraft. So könnte die Abteilungsleiterin X entscheiden, dass bestimmte Prozeduren, um die sich Mitarbeiter bislang gestritten haben, in Zukunft so oder so ablaufen sollen. In diesem Fall muss man natürlich mit Reaktanz einer oder sogar beider beteiligten Parteien rechnen, die sich womöglich durch die Entscheidung in ihrer Autonomie beeinträchtigt sehen.

Theoretisch ist die Konfliktlösung ganz einfach: Erkennen, warum ein Konflikt vorliegt, und im zweiten Zug, sofern dies möglich ist, die Ursachen dafür beseitigen. Aber schon das Erkennen gestaltet sich oft schwierig, insbesondere aus der Perspektive eines Beteiligten. Und auch die Ursachenbeseitigung ist nicht immer einfach. Im folgenden Abschnitt werden wir Ihnen zeigen, welche Möglichkeiten zur Konfliktlösung jemand hat, der nicht persönlich in den Konflikt involviert ist – ein Moderator.

Einen Konflikt als Moderator lösen

Herrmann Paschenmann war Berater bei einer kleinen Beratungsfirma im Rheinland. Der Vorstand der städtischen Werke der Stadt XY beauftragte Herrn Paschenmann mit der Lösung eines inzwischen lang andauernden Konflikts zwischen zwei Geschäftsführern.

Als Moderator eines Konflikts kommt Ihnen die Aufgabe zu, einen Konflikt, in den Sie nicht selbst involviert sind, zu schlichten bzw. zu lösen oder sogar zu entscheiden. Die folgenden Regeln sollten Sie sich in einem solchen Fall vergegenwärtigen.

REGEL 1

Erhöhen Sie die subjektiven Kosten für die Aufrechterhaltung des Konflikts. Den Konflikt fortzuführen muss schmerzhafter sein als ihn zu beenden. Das klingt zunächst paradox, da man doch zu der Annahme neigt, dass Menschen sich sogar gern aus einem Konflikt befreien. Weit gefehlt! So unangenehm Konflikte sein mögen, auch die Konfliktlösung bringt unangenehme Dinge mit sich. Z. B. hat man anderntags kein wirkliches Feindbild mehr, muss sich womöglich im Verlauf der Konfliktlösung entschuldigen, kann einfach nicht mehr so weitermachen wie bisher.

Menschen streben sehr häufig nach Stabilität. Auch Konflikte können eine gewisse Stabilität bieten. Und der Moderator eines Konflikts bringt einerseits Entlastung, andererseits aber auch Unruhe in den lieb gewonnenen Trott.

Herr Paschenmann stellte die beiden Geschäftsführer zu Beginn der Moderation vor folgende Situation: Mit Rückendeckung des Vorstands würde er im Falle der Nichtlösung des Konfliktes einen der beiden Geschäftsführer auswählen, der dann das Unternehmen zu verlassen habe. Um die Lösung in beiderseitigem Einvernehmen zu erreichen, bot er jedoch seine partnerschaftliche Hilfe im Prozess an.

REGEL 2

Neutral in den Inhalten, parteiisch im Prozess! Diese Haltung wurde in den siebziger Jahren des letzten Jahrhunderts zunächst anders verstanden. Neutralität wurde als Nettigkeit missverstanden, als ein freundliches und wenig steuerndes Herum-Moderieren. Diese Haltung hat sich in der Praxis als falsch herausgestellt. Ein Konfliktmoderator muss in höchstem Maße steuern! Allerdings – und hier liegt der Hase im Pfeffer - nur den Prozess, den Fortgang, niemals die Inhalte.

Steuern heißt, in jeder Phase die Zügel in der Hand zu behalten. Es heißt letztlich auch, eine gewisse Autorität auszustrahlen, um den tanzenden Mob auf seinem Weg hin zur Konfliktlösung auch tatsächlich führen zu können. Die strikte Neutralität hinsichtlich der Inhalte hat noch einen anderen Grund: Moderatoren und Moderatorinnen können in die unangenehme Lage geraten, dass sich die streitenden Parteien gegen den Moderator verbünden.

Vergessen Sie bitte nicht, dass z. T. beide Parteien die Tendenz haben, in dem liebgewonnenen Konflikt zu verharren, was Sie als Moderator oder Moderatorin natürlich verhindern wollen. Sie sind also eine Art Unruhestifter, der – sofern er sich seinerseits gewisse Fehler erlaubt – gnadenlos in den Konflikt hineingezogen wird.

Herr Paschenmann wehrte sich im Konfliktlösungsprozess erfolgreich gegen jeden Versuch, von einer der beiden Seiten inhaltlich vereinnahmt zu werden oder als Schiedsrichter bei bestimmten inhaltlichen Differenzen zu fungieren. Sehr entschieden fuhr er immer dann dazwischen, wenn er das Gefühl hatte, einer der Teilnehmer blockiere es, eine gemeinsame Lösung zu finden. Dieser Versuch konnte sich z. B. durch ellenlanges Monologisieren äußern oder dadurch, dass unmögliche Konstruktionen hinsichtlich einer Lösung entworfen wurden, z. B. „… so geht's nicht, so geht's nicht und so auch nicht. Also finden wir keine Lösung!" So musste er auch gegenüber dem Teilnehmer Z, der ihm persönlich sympathischer war, in einer bestimmten Situation vergleichsweise barsch reagieren.

REGEL 3

Legen Sie den Konflikt offen! Konfliktmoderation bedeutet natürlich im Kern, dass man das dumpfe, emotionale, wenig fassbare Gewirr entzerrt, transparent macht. Ein Moderator oder eine Moderatorin muss es schaffen, die einzelnen Facetten des Konflikts im Verlauf der Konfliktmoderation für alle Anwesenden sichtbar zu machen. Dies bezieht sich auf die dem Konflikt zugrunde liegenden Sachprobleme, mehr noch aber auf die emotionalen Verstimmungen.

Im Idealfall sollten die einzelnen Facetten des Konflikts vor den Konfliktparteien wie auf einem Präsentierteller ausgebreitet sein, um wirklich zu einer befriedigenden und dauerhaften Lösung kommen zu können. Dies erfordert vom Konfliktmoderator den Einsatz mannigfaltiger Techniken, die von sehr konkreten Arbeiten an Lückentexten bis hin zu Rollenspielen reichen. Man darf dabei nicht aus dem Blick verlieren, dass nur eine möglichst vollständige Offenlegung auch eine Klärung ermöglicht.

Die Konfliktmoderation glich in ihrer Bewegtheit einem Schiff auf hoher See. Was sich anfangs als Sachproblem darstellte, entpuppte sich spätestens am zweiten Tag als massiver Rollenkonflikt der beiden Geschäftsführer. Bevor dieser aber nicht gelöst werden konnte, brauchte man sich den Sachproblemen nicht weiter zuzuwenden.

REGEL 4

Gehen Sie keinen Schritt ohne das ausdrückliche Mandat aller Parteien! Für jeden Schritt im Rahmen der Konfliktmoderation muss das ausdrückliche Einverständnis aller Beteiligten vorliegen. Denn es ist leicht, jemanden auf dem Weg dahin zu verlieren, was letztlich bedeutet, dass der Konflikt nur scheinbar gelöst wird, einige Beteiligte im Nachhinein dennoch anders handeln als sie in der Situation der Konfliktlösung behauptet haben.

Die ausgehandelte Lösung, das ausgehandelte weitere Vorgehen oder der vereinbarte Umgang der Parteien miteinander muss von allen Beteiligten getragen werden. Ansonsten können Sie mit sehr hoher Wahrscheinlichkeit mit dem Phänomen rechnen, das bereits beschrieben wurde: Reaktanz.

Konfliktmoderation bedeutet keineswegs, als der nette Onkel von nebenan aufzutreten, der sich dazu hergibt über die Probleme mal zu reden. Stattdessen lässt sich die Haltung eines Konfliktmoderators oder einer Konfliktmoderatorin mit den Begriffen neutral, suchend, freundlich beschreiben, aber auch mit den Begriffen konfrontativ, direktiv und drängend.

Techniken, Konflikte offen zu legen, Lösungen zu vereinbaren bzw. zu erarbeiten, finden sich in der einschlägigen Literatur zu diesem Thema. Wir möchten Ihnen hierzu das Buch „Konfliktmanagement, erschienen in der Reihe „Kienbaum bei Haufe" im Haufe Verlag, empfehlen."

■ Einen Konflikt als Beteiligter lösen

Anders gelagert, aber ähnlich diffizil, stellt sich die Konfliktlösung dar, wenn man selbst als Person in den Konflikt involviert ist. In diesem Fall greifen die oben benannten Regeln in weiten Teilen nicht. Die Konfliktlösung gestaltet sich für Menschen, die keinen Moderator, keine Moderatorin als Unterstützung für diesen Prozess haben, sehr schwierig.

Denn ein Wesen des Konflikts ist es, dass die objektive Betrachtung der Situation eingeschränkt ist. Es besteht keine Neutralität, mögliche Lösungen zu erkennen ist wegen der Vielzahl psychologisch relevanter Mechanismen – angefangen bei Wahrnehmungsverzerrungen bis hin zum Selbstwertschutz – nicht einfach. In der Literatur wird ein grundlegendes Vorgehen beschrieben, um einen Konflikt im direkten Dialog auszuräumen, das lösungsorientierte Gespräch. Doch zunächst muss man sich entschlossen haben, den Konflikt ausräumen zu wollen und bis dahin ist es manchmal ein weiter Weg.

Ein solch lösungsorientiertes Gespräch beinhaltet folgende Bausteine, die chronologisch gesehen werden können:

KONTROLLE DER EIGENEN EMOTIONALITÄT
Aggressionen, Abneigung, womöglich Angst vor dem Gesprächspartner sollten in dieser Phase kontrolliert werden können, da eine konstruktive Konfliktlösung sonst von vornherein verbaut ist. Dazu ist es dienlich, sich die emotionsauslösenden Aspekte der Situation – soweit möglich – selbst zu verdeutlichen.

HERSTELLUNG VON VERTRAUEN
In einem Gespräch muss zuallererst Vertrauen aufgebaut werden. Sprechen Sie zunächst über Ihre Sicht der Dinge, anstatt den anderen sofort anzugreifen. Vertrauen entsteht durch eine gewisse Selbstoffenbarung

und dadurch, dass eigene Gefühle mitgeteilt werden. Auf diese Weise geben Sie sich gewissermaßen schutzlos und signalisieren Offenheit. Sie zeigen dem anderen, dass Ihnen ernsthaft an einer Lösung gelegen ist. Benutzen Sie „Ich-Botschaften" statt „Du-Botschaften." Also: „Mich ärgert, dass wir gegenüber den Kunden wieder in Verzug sind", statt: „Sie haben mal wieder alles verbockt."

OFFENE KOMMUNIKATION

Beschreiben Sie, statt zu bewerten, seien Sie partnerschaftlich, statt überlegen, geben Sie sich suchend, statt wissend. Vermeiden Sie es, das Verhalten des anderen zu bewerten. Signalisieren Sie, dass Sie an einer gemeinsamen Konfliktlösung interessiert ist. Es soll sich eben nicht um ein konfrontatives Aufeinandertreffen handeln, wie es das bislang womöglich war. Es soll nach einer gemeinsamen Lösung gesucht werden.

LÖSUNG SUCHEN UND VERBINDLICHE REGELUNGEN TREFFEN

Wer in eine Konfliktlösung mit dem Ziel geht, nur seine eigene Position durchzusetzen, wird den Konflikt erneut anheizen. Sie sollten das Problem stattdessen gemeinsam definieren. Sie sollten Konzessionen machen, Sie sollten kreativ nach einer Lösung suchen. Es geht um ein Geben und Nehmen, um die Suche nach einem Kompromiss. Zuletzt ist Verbindlichkeit sehr wichtig. Die besprochenen Lösungen sollten deutlich und klar ausgesprochen und womöglich fixiert werden.

Im Rahmen eines lösungsorientierten Gesprächs begibt man sich auch in die Rolle eines Moderators/einer Moderatorin – allerdings mit dem Unterschied, dass man selber in den Konflikt involviert ist. Hilfreich sind in solchen Phasen spezielle Gesprächstechniken, wie z. B. das aktive Zuhören, der konfrontative Dialog, Ich-Botschaften und bei Bedarf auch moderative Techniken, um Lösungen zu erarbeiten, die für beide Seiten tragbar sind.

Konflikte nutzen oder: Harmonie führt zu Stillstand

Immer wieder liest oder hört man, dass man Konflikte nutzen solle. Seminartitel lauten z. B. „Konflikte erkennen, Konflikte lösen, Konflikte produktiv nutzen." Nur – wie geht das? Schließlich sind Konflikte zunächst unangenehm. Betrachten Sie aber die Sache aus einer professionellen Perspektive, trifft es zu, dass Konflikte in Unternehmen sehr häufig die Grundlage für Innovationen und Weiterentwicklung waren, vorausgesetzt, sie wurden wirklich gelöst und gleichzeitig genutzt.

Dies liegt daran, dass ein ausgeglichenes, harmonisches Gesamtumfeld im beruflichen Kontext zwar gut für das allgemeine Klima sein mag, aber eine ausgesprochene Harmonie nachgewiesenermaßen nicht zu einer kontinuierlichen Weiterentwicklung führt.

Die folgenden, im psychologischen Umfeld häufig untersuchten Variablen, erklären dieses Phänomen:

- *Menschen, und damit auch Organisationen, lernen durch Erfolg.* Zufriedenheit mit sich und der Welt führt zu einer Verfestigung der erfolgversprechenden Verhaltensweisen: „Man richtet sich ein." Paradoxerweise wird das Verhaltensrepertoire im Zustand der Sorglosigkeit immer geringer.

Stellen Sie sich zwei Firmen vor: Die eine, die sich in den letzten Jahren in einem permanenten Wettkampf mit Konkurrenten befunden hat und die andere, die aus irgendwelchen Gründen aus einer komfortablen Monopolsituation in ein für sie ungeübtes und rabiates wirtschaftliches Umfeld gestoßen wird. Wer von den beiden Firmen wird sich eher behaupten?

Durch das Wegbrechen ganzer Märkte ist dies in vielen Branchen insbesondere in den Jahren 2000/2001 geschehen und konnte so auch im individuellen Umfeld beobachtet werden. Wird nicht permanent Erfolg erlebt, der dadurch entsteht, dass herausfordernde Aufgaben bewältigt werden, lernen Menschen nichts Neues. Und nichts dazuzulernen heißt Stagnation. Konflikte bieten in diesem

Rahmen Herausforderungen, sie legen strukturelle und inhaltliche Defizite offen, an denen gearbeitet und damit auch gelernt werden kann.

- *Menschen streben danach, den Energieaufwand möglichst gering zu halten.* Etwas zu verändern bedeutet, Energie zu investieren. Und natürlich wägt man ab, ob es sich für die Sache lohnt. Befinden man sich in einer komfortablen Position, empfindet man überhaupt keine Soll-Ist-Diskrepanz und somit keinen Veränderungsbedarf. Erst wenn das System gestört wird, geraten Menschen wieder in Bewegung. Und Konflikte sind nichts anderes, als solche Störungen.

- *Risikominimierung.*
  Viele Menschen empfinden es als risikoärmer, den Ist-Zustand beizubehalten als in einen unsicheren – wenn auch erwünschten – Soll-Zustand zu wechseln. Der Wechsel einer Strategie, einer Organisationsform etc. bringt immer das Risiko des Scheiterns mit sich. Je positiver der Ist-Zustand erlebt wird, desto geringer erscheint der Nutzen in einen anderen Zustand zu wechseln.

Das beobachtbare Beharrungsvermögen von Menschen und Organisationen kann eigentlich nur durch Konflikte durchbrochen werden. Wenn Führungskräfte im Rückblick auf ein langes Berufsleben von Situationen berichten, in denen sie besonders viel gelernt haben, in denen sie selbst für ihre Person wichtige Entwicklungsschritte gemacht haben, sind dies sehr häufig konfliktäre Situationen.

Man kann folgendes Fazit ziehen: Führungskräfte erhalten durch Konflikte z. T. notwendige Impulse für Innovationen innerhalb des Teams oder der Abteilung. Konflikte deuten in jedem Fall auf Entwicklungspotenziale hin. Dies bezieht sich auch auf rein zwischenmenschliche Konflikte, die immerhin dazu dienen können, die beteiligten Mitarbeiter und Mitarbeiterinnen durch Konfliktmoderation und Feedback weiter zu entwickeln – was eine der zentralen Führungsaufgaben darstellt.

Zusammenfassung

**DIE WICHTIGSTEN BOTSCHAFTEN
FÜR SIE ZUSAMMENGEFASST:**

- Führungskräfte haben die Aufgabe, an den Konfliktmanagement-Fähigkeiten (im Sinne eines Soft Skills) ihrer Mitarbeiter und Mitarbeiterinnen zu arbeiten und diese zu entwickeln. Es ist nicht zielführend, wenn Ursachen für Konflikte vornehmlich im Wesenszug eines Menschen gesucht werden. Dieser spielt natürlich eine Rolle, ist aber in der Führungspraxis eine nicht zugängliche und in aller Regel auch nicht beeinflussbare Variable. Ein Wesenszug („...er/sie ist halt ein wenig emotional.") ist keine Entschuldigung. Auch nicht für die Führungskraft selbst.

- Kooperative Führung führt zu echtem Commitment, autoritäre Führung zu Reaktanz. Die Reaktanztheorie beschreibt an dieser Stelle, wie Menschen auf wahrgenommene Freiheitseinschränkungen reagieren. Sie blocken ab, zahlen irgendwann mit gleicher Münze zurück (Sleeper-Effekt) oder machen „Dienst nach Vorschrift". Durch ein gewandeltes Führungsverständnis (bei Führungskräften sowie bei Mitarbeiterinnen und Mitarbeitern) ist Commitment in der heutigen Zeit ein wesentliches Element. Während Reaktanz das Schmiermittel eines betrieblichen Konfliktes darstellt, ist Commitment dessen Medizin.

- Viele in Konflikten beobachtbare, irrationale Verhaltensweisen und Sichtweisen bei den Beteiligten entspringen dem Bedürfnis nach Selbstwertschutz. Die in den Konflikt verwickelten Personen wollen vor sich und ihrer Umwelt das Gesicht wahren. Eine Auflösung dieser Spannungen kann naturgemäß nicht durch Druck geschehen. Eine Führungskraft kann hier nichts verordnen und – sofern sie selbst in den Konflikt verwickelt ist – auch nichts erzwingen.

- Der Schlüssel zu vielen Gruppenkonflikten liegt in der, durch starke Gruppenidentität geförderten Blockbildung. Es ist die Aufgabe von Führungskräften, diese durch bereichs- oder teamübergreifende Aktivitäten zu vermindern.

- Konfliktmoderation ist mehr, als „nett" zwischen Parteien zu vermitteln. Es bedeutet, eine Haltung einzunehmen (vgl. die vorgestellten Regeln) und über Techniken zu verfügen, die Konflikte zu bearbeiten.

- Führungskräfte sollten Konflikte niemals unterdrücken. Konflikte sind auch in einem kleinen Team stets Chancen der Weiterentwicklung.

Teamarbeit

Wir wollen uns in diesem Kapitel gruppenbezogenen Phänomenen nähern. Dabei geht es um Meinungsbildungsprozesse in Gruppen, um Gruppendruck, um Fragen der Teambildung. Führungskräfte müssen sich immer wieder damit auseinandersetzen, wie mit anderen Meinungen innerhalb des Teams umgegangen wird, warum Entscheidungen, die offensichtlich im Team gefällt wurden, von einzelnen Teammitgliedern boykottiert werden.

Dieses Kapitel gliedert sich in zwei Teile. Einen ersten Teil, in dem Theorien zu Gruppendynamik und zur Meinungsbildung vorgestellt werden. In der zweiten Hälfte des Kapitels steht die Praxis im Vordergrund: Wie sollte ein Teamleader „gestrickt" sein und welche Aufgaben hat er zu bewältigen.

Meinungsbildung und Entscheidungen in Gruppen

Jeder kennt diese Phänomene: Der Chef verkündet in einem Meeting bestimmte Strategien ex cathedra, alles nickt ergeben, und vor der Tür wird schon gelästert. Oder ein anderes Phänomen: In einer Sitzung scheinen sich alle einig zu sein. In den Wortbeiträgen wird kein Punkt deutlich, an dem es offensichtliche Unstimmigkeiten gibt. Man geht zufrieden auseinander und beobachtet im Nachhinein, dass Kollege Müller doch etwas ganz anderes tut als abgesprochen. Und das, obwohl doch alles klar war?

Mit einem weiteren Effekt möchten wir uns auf den nächsten Seiten auseinandersetzen: Manchen Menschen gelingt es, in einer Gruppe, trotz offensichtlich schon gefallener Entscheidung, die Front der anderen Gruppenmitglieder wieder ins Wanken zu bringen – sehr schön filmisch umgesetzt in dem Kinoklassiker „Die zwölf Geschworenen".

Hier gelingt es einem einzelnen Geschworenen – der einzige, der von der Unschuld des Angeklagten überzeugt ist – die anderen Geschworenen, trotz deren fester Überzeugung von der Schuld des Angeklagten, vom Gegenteil zu überzeugen. Mit den beschriebenen Effekten, die in vielerlei Experimenten belegt worden sind, hat sich die Psychologie in ganz unterschiedlicher Weise befasst. Man unterscheidet den Majoritätseinfluss, d. h. eine Gruppe beeinflusst einzelne durch Gruppendruck, und den Minoritätseinfluss, ein einzelner beeinflusst eine Gruppe. Für Führungskräfte sind beide Effekte interessant, insbesondere, um schwer nachvollziehbares Verhalten, das Mitarbeiter trotz klarer Absprachen manchmal an den Tag legen, zu erklären.

Gruppendruck

In einer Teamsitzung war alles besprochen worden, so glaubte zumindest Herr Wortmann. Die Diskussion war nicht einfach, dennoch hatte man Herrn Schulz – der von Anfang an gegen diese Lösung war – im Laufe der Sitzung offensichtlich überzeugen können. Es ging um Fragen der Projektabwicklung, die tatsächlich unterschiedlich gesehen werden können, was auch Herrn Wortmann klar war. Dennoch hatte er nicht vor zu akzeptieren, dass Herr Schulz und interessanterweise dann auch Herr Zockel sich an die Teamabsprachen – obwohl in der Teamsitzung anders beschlossen – nicht hielten. „Es war doch eigentlich alles klar", dachte Herr Wortmann.

Ähnliche Beobachtung kann jede Führungskraft machen: Jemand sagt A und tut B. Wie kann man in Zukunft – unabhängig von der Frage, ob es nicht generell Mitarbeiter gibt, die immer andere Dinge tun als mit Ihnen vereinbart worden ist – so etwas verhindern? In einem Experiment hat der Psychologe Asch ein interessantes Phänomen beschrieben: den Majoritätseffekt. Er hat an einem Beispiel gezeigt, wie weit ein solcher Effekt – der von einer Gruppe auf einen Einzelnen gerichtet ist – reichen kann. Das Resultat dieses Experiments erklärt, was Sie im Alltag immer wieder beobachten können.

DAS EXPERIMENT VON ASCH

Asch, ein Wahrnehmungspsychologe, kündigte in den späten fünfziger Jahren des letzten Jahrhunderts einer Gruppe von Testpersonen ein wahrnehmungspsychologisches Experiment an. In solchen Experimenten geht es in aller Regel um das Erkennen von Mustern, um die Unterdrückung von visuellen oder auditiven Stimuli oder anderer Wahrnehmungsphänomene. So auch scheinbar in diesem Experiment. Es sollte darum gehen, Linien und deren Größenverhältnisse einzuschätzen.

Die Teilnehmer des Versuchs betraten einen Raum, in dem offenbar schon eine Reihe von anderen Testpersonen saßen, und nahmen auf einem noch freien Stuhl Platz. Der Versuchsleiter erklärte nun das Experiment: Es sollten die Längen von verschiedenen Linien geschätzt werden, die an eine Leinwand projiziert wurden. Die Länge einer Vergleichslinie sollte immer mit einigen anderen Linien, die gleichzeitig mit Nummern oder Buchstaben versehen an die Wand projiziert wurden, verglichen werden. Also etwa so:

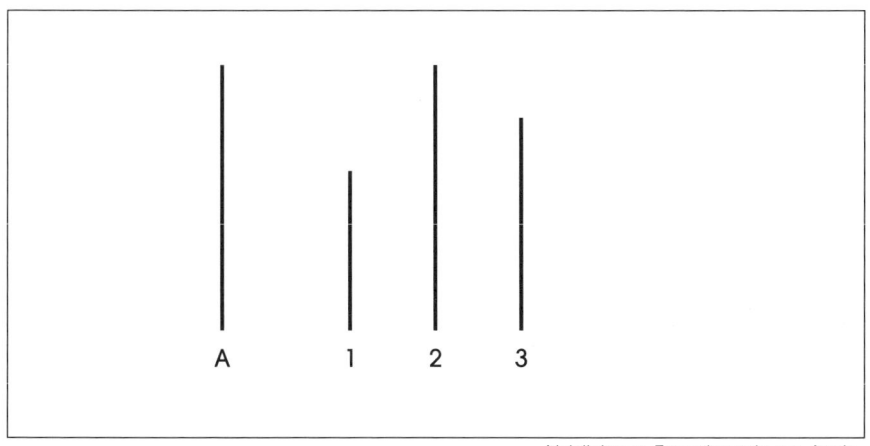

Abbildung: Experiment von Asch

Ein wichtiges Detail des Experiments war, dass die Einschätzungen öffentlich abgegeben werden mussten. Der oder die erste in der Reihe gab die Schätzung ab, dann der nächste usw. bis alle ihre Bewertungen abgegeben hatten. Danach folgte das nächste Dia mit jeweils anderen

Linien. Das Besondere an dem Versuchsaufbau war, dass es nur eine wirkliche Testperson gab! Und zwar diejenige Person, die an vorletzter Position in der Sitzreihe saß. Alle anderen Anwesenden waren vom Versuchsleiter, natürlich ohne das Wissen der Testperson, instruiert worden, konsequent eine falsche Linie zu nennen.

Bis die wirkliche Testperson an der Reihe war, hörte sie also von allen Personen vor ihr eine offensichtlich falsche Schätzung, denn die Linien waren sehr einfach zu differenzieren (vgl. die Grafik oben). Das Resultat war überraschend: Eine hohe Anzahl von Testpersonen nannte die falschen Linien. Allerdings zeigte sich im Anschluss an den Versuch, dass die Testpersonen sehr wohl erkannt hatten, dass sie die falschen Linien benannten, also nicht etwa eine Wahrnehmungsverzerrung erlitten hatten. Der Gruppendruck führte dazu, dass die Testpersonen zwar nach außen von ihrer Meinung zurückgewichen waren, nicht aber von ihrer tatsächlichen Überzeugung.

Obwohl das Experiment von Asch aus dem Gebiet der Wahrnehmung stammt, kann es auf andere Bereiche übertragen werden. Denn das Prinzip unter Gruppendruck nachzugeben und gleichzeitig die ursprüngliche Ansicht beizubehalten ist ein verallgemeinerbares Phänomen. Führungskräfte laufen Gefahr, solche Effekte im Team zu übersehen. D. h. sie erkennen möglicherweise nicht, dass kein wirkliches Commitment herrscht.

Führungskräfte haben die Aufgabe, Mitarbeiter von der Notwendigkeit bestimmter Aspekte zu überzeugen, denn Überzeugung ist in jedem Fall die beste Motivation. Ein typischer Führungsfehler ist es jedoch, an Mitarbeiterinnen und Mitarbeiter zu appellieren oder etwas zu verkünden und dann zu glauben, alles sei klar. Umso größer ist die Überraschung, wenn Mitarbeiter und Mitarbeiterinnen dann völlig anders handeln.

Folgerungen für die Praxis

Führungskräfte müssen bei Mitarbeitern und Mitarbeiterinnen Commitment erzeugen! Es ist sicher möglich, die eine oder andere Aufgabenstellung zu verordnen. Werden aber wichtige Entscheidungen von den Mitarbeitern/Kollegen nicht tatsächlich akzeptiert und verstanden, sondern (scheinbare) Zustimmung nur unter Druck erzwungen, passiert eben das: Handlung A wird in der Drucksituation zugesagt und Handlung B wird dann tatsächlich ausgeführt. Solche Interaktionen sind uns aus unserer Beratungspraxis zur Genüge bekannt.

Allein gegen die Gruppe

Herr Lorenz – ein vergleichsweise demokratisch gesonnener Abteilungsleiter – hatte seit geraumer Zeit Probleme in den regelmäßig stattfindenden Teamsitzungen. Und zwar hatte es häufiger ellenlange Diskussionen über bestimmte Aspekte gegeben, die seiner Ansicht nach klar, bereits abgesprochen und damit einfach nicht mehr zu diskutieren waren. Zumeist gingen diese Diskussionen von Herrn Mikfeld aus, der es mit seiner zähen und beharrlichen Art immer wieder schaffte, auch andere Mitglieder des Teams auf seine Seite zu ziehen, obwohl die Sachlage vor den Sitzungen eigentlich immer klar war – wie Herr Lorenz dachte.

Hier sieht die Sachlage ganz anders aus als bei dem zuvor geschilderten Effekt des Majoritätseinflusses – eine einzelne Person steht gegen eine größere Gruppe, die womöglich ganz anderer Ansicht ist. Der Psychologe Moscivici hat zu diesem Phänomen, den so genannten Minoritätseinfluss, ein plastisches Experiment gemacht. Sein Ziel war es zu untersuchen, mit welchen Strategien Minoritäten – sofern sie die andersdenkende Majorität überzeugen wollen – vorgehen.

DAS EXPERIMENT VON MOSCOVICI

Der Versuchsaufbau war dem des zuvor geschilderten Experiments von Asch ähnlich. Allerdings gab es hier einen gravierenden Unterschied: Nur eine einzelne Person war instruiert, alle anderen in der Runde waren echte Testpersonen. Die visuellen Stimuli, die in diesem Versuch bewertet werden sollten waren keine Linien, sondern farbige Dias, die jeweils leuchtend blau waren und nur in der Intensität variierten, nicht in der Farbe.

Die Aufgabe der Teilnehmer war es lediglich, zu den Dias laut eine Farbbezeichnung abzugeben. Die instruierte Testperson saß z. B. an Position fünf der Reihe und antwortete konsequent mit „grün" statt mit „blau". Das Resultat war, dass die Nennungen von grün in der Gruppe der tatsächlichen Testpersonen signifikant anstieg, obwohl die Antwort blau ganz eindeutig richtig war.

Dieser Effekt der Beeinflussung der Mehrheit durch eine Minderheit verschwand aber sofort, wenn der Minderheit etwas anhaftete, das der Mehrheit einen Grund gab, skeptisch zu werden. Z. B., wenn die konsequent „grün" sagende Person dicke Brillengläser aufwies oder sich sonst atypisch verhielt. Und auch dann wurde der Effekt schwächer, wenn die Minderheit nicht wirklich konsequent bei ihrer Meinung „grün" blieb, sondern ab und zu die Seiten wechselte, also auch mehrfach mit „blau" antwortete. Das Resümee lautete: Nur eine konsequente, durch keinerlei Merkmale sich selbst disqualifizierende Minderheit entfaltet den Minoritätseinfluss.

Sofern eine einzelne Person eine zuvor unerschütterlich überzeugte Gruppe von anderen Personen ins Wanken bringt, kann natürlich kein Gruppendruck – wie wir ihn oben geschildert haben – dafür verantwortlich sein. Es handelt sich hier um den Minoritätseinfluss.

Der wesentliche Unterschied zu dem oben unter Majoritätseinfluss geschilderten Phänomen liegt darin, dass hier eine tatsächliche Überzeugung stattfindet. Im Gegensatz zu dem erzwungenen Ja-Sagen unter Druck, sagt hier nur ja, wer sich auch wirklich von den Ideen der Minderheit anrühren lässt. Aus diesem Grunde ist der Effekt des Minoritätseinflusses auch von ganz anderer Tiefe als die Wirkung des Majoritätseinflusses.

◼ ... und alle gemeinsam gegen die Wand

Der Tag der Präsentation war gekommen. Es war eine wichtige Präsentation, ein ganz großer Auftrag hing davon ab. Das Team um Herrn Molistoll hatte sich hervorragend vorbereitet. Einige Tage hatten sie sich sogar richtig abgeschottet, um sich im Team möglichst intensiv und ungestört vorbereiten zu können. In der Präsentation erwies es sich allerdings, dass die vorgeschlagenen Ideen völlig an den Vorstellungen der Kunden vorbeigingen. Es war niemals eine Online-Realisierung geplant gewesen, niemals, dass die Vertriebsabteilung in das Projekt einbezogen werden sollte.

Offensichtlich war man von völlig falschen Voraussetzungen ausgegangen. Wieder im Büro stellte man fest, dass der Kundenkontakter schon eine korrekte Kundenbedürfnisanalyse durchgeführt hatte. Aber irgendwie waren diese Details im Verlauf der intensiven Vorbereitung und Diskussionen völlig verloren gegangen. Seltsam ...

Entscheidungsprozesse in Gruppen verlaufen manchmal eigenartig. Mal hat man das Gefühl, es geht überhaupt nicht voran, es gibt keine Bewegung, keinen Fortschritt. Manchmal arbeiten Gruppen in einem hervorragenden Teamklima, man unterstützt sich, ist produktiv, ist in gewisser Weise „gedopt". Und manchmal tendieren Gruppen auch dazu, völlig über das Ziel hinaus zu schießen. So, als sei ihnen im Verlauf des Arbeitsprozesses völlig der Verstand abhanden gekommen.

Aus unserer eigenen Praxis sind uns einige Beispiele präsent, als zumeist völlig an der Aufgabenstellung vorbei gearbeitet wurde. Im Nachhinein waren die Beteiligten dann doch veritabel überrascht, wie denn das eigentlich passieren konnte. Auch in der Politik sind solche Effekte verbürgt, wie die nächste historisch belegte Geschichte Ihnen zeigen soll:

DAS SCHWEINEBUCHT-DESASTER

Präsident Kennedy entschloss sich im Jahr 1961, Kuba von den Kommunisten zu befreien. Der Präsident und eine kleine Gruppe von Beratern beschloss, eine handvoll Exilkubaner mit Waffen auszurüsten und diesen die Landung an der kubanischen Küste zu ermöglichen, in der Schweinebucht. Diese Exilkubaner sollten dann das Regime stürzen.

Wie zu erwarten war, wurde die ganze Operation zu einer Katastrophe. Die Invasoren waren nach kurzer Zeit tot oder gefangen. Zu keiner Zeit hatte eine Chance bestanden, dass eine solche Aktion zum Erfolg führen könnte. Und wie auch wenig Geschichtsbeflissenen bekannt ist, wird Kuba noch heute von Fidel Castro regiert. Die einzige Invasion die bis heute dort stattgefunden hat, ist die Invasion von Touristen.

Die krasse Fehleinschätzung der Lage durch Kennedy und seine Berater wurde im Nachhinein auf ein Phänomen zurückgeführt, das sich Gruppendenken nennt. Sofern Gruppen unter hohem Druck Entscheidungen fällen müssen und sich gleichzeitig von alternativen Informationsquellen abschotten, besteht die Gefahr, dass auch grobe Fehleinschätzungen nicht als solche erkannt werden. In der Gruppe entsteht ein Klima, das Kritik und rationales Denken unterbindet.

Nun erlebt nicht jede Führungskraft in ihrem Berufsleben zwangsläufig ihr eigenes Schweinebucht-Desaster. In den letzten Jahren mussten aber sicherlich einige Mitarbeiter später insolventer Unternehmen mit ansehen, wie in der Führungsetage teils abstruse Pläne geschmiedet wurden, die vom Abteilungsleiter bis hinunter zum Pförtner nur Kopfschütteln auslösten.

Damit soll nicht gesagt sein, dass die Gründe für wirtschaftlichen Misserfolg in diesem Phänomen zu suchen sind. Aber Gruppen bzw. Managementteams neigen in Krisensituationen häufig zu einem starren, letztlich ungünstigen Verhalten. Alternativen werden ausgeblendet, Andersdenkende werden auf Kurs gebracht oder aus der Gruppe ausgesondert, sonst kritisch Denkende werden mit einem Male loyal und angepasst.

Das eingangs genannte Beispiel mit der verpatzten Kundenpräsentation ist ein Beispiel dafür, dass aus einem eigentlich positiven Gruppendenken weltferne Resultate erwachsen können. Immer dann, wenn eine Gruppe sich einigelt, im positiven oder negativen Sinne getrieben wird, besteht die Gefahr, zu absolut wirklichkeitsfernen Einschätzungen zu gelangen.

Folgerungen für die Praxis

Gerade in Drucksituationen sollten Führungskräfte dafür sorgen, dass für Problemlösungen maximal unterschiedliche Informationen herangezogen werden. Eine Führungskraft muss dem Einigeln der Gruppe massiv entgegenwirken. Die Arbeit mit moderierten Methoden zur Entscheidungsfindung kann in einem solchem Fall sehr sinnvoll sein.

Teamarbeit in der Praxis

In diesem Teil stellen wir die Praxis in den Vordergrund. Wie müssen Teamleader gestrickt sein, was gibt es für Typen von Teamarbeitern, wie stellt man erfolgversprechende Teams zusammen? Wir haben für Sie aus der Praxis abgeleitete Typologien zusammengestellt. „Teamfähigkeit" ist eines der nachgefragtesten Kriterien in jeder Art von Stellenanzeigen. Die Überbetonung dieses Begriffs impliziert, dass Teamarbeit die Idealform für die Bewältigung beinahe aller Arbeitsaufgaben ist – der Königsweg um herausfordernde Ziele zu erreichen. Kaum mehr wird die Frage aufgeworfen, wo die wirklichen Vorteile der Teamarbeit liegen, bzw. wo ihre Grenzen sind.

DAS SPRICHT FÜR TEAMARBEIT:

- Stärken und Schwächen der Teammitglieder gleichen einander aus (Komplementarität).
- Bereichsegoismen werden durch übergreifende Kommunikation ersetzt.
- Hierarchien weichen Arbeitsweisen, die von weitgehender Selbstorganisation geprägt sind.
- Gleichberechtigung kommt dem menschlichen Bedürfnis nach Selbstverwirklichung entgegen.
- Gesunder Wettbewerb im Team lässt Mitglieder zu Höchstleistungen auflaufen.
- Kreative Denkansätze werden entstehen durch die gegenseitige Inspiration.

Vor allem komplexe sowie eine Organisation umfassend betreffende Aufgaben lassen sich im Team hervorragend bewältigen: Unterschiedliche Divisionen beleuchten ein Problem aus verschiedenen Blickwinkeln und erreichen so für das Ganze das Beste – so zumindest in der Theorie. Und werden die im Folgenden dokumentierten Anregungen befolgt, funktioniert dies auch in der Praxis.

Dennoch gibt es einige Grenzen für Teamarbeit. In Unternehmenssituationen beispielsweise, die ein rasches Handeln erfordern, sind die für Teams typischen umfassenden Diskussionsrunden eher hinderlich. Eine anberaumte Teamsitzung wirkt im Gegenteil frustrierend, wenn nach kurzer Diskussion eine schnelle Entscheidung „von oben" gefällt wird.

Die Konsensorientierung eines Teams erfordert ein Mindestmaß an Zeit. Wirtschaftliche Krisenzeiten oder unternehmerische Sanierungssituationen erfordern schnelle und klare Entscheidungen - zugegebenermaßen zulasten einer breit angelegten Meinungsbildung. Sofern in solchen Fällen doch Teams gebildet werden, spricht man von Hot-Groups, die nach kurzer Diskussion bereit sind, eine Entscheidung zu fällen, wohlwissend, dass nicht bis zum bitteren Ende diskutiert werden kann.

Im Folgenden aber geht es um die Erfolgsfaktoren einer professionellen Teamarbeit, um die Einzelheiten, die zu beachten sind, um das Beste herauszuholen, das ein Team zu bieten hat.

Gemäß dem Motto: T E A M - together everyone achieves more.

Führen im Team

Der Erfolg eines Teams hängt im Höchstmaß von der Person des Teamleaders ab. Er hat die Aufgabe, das Team zusammenzusetzen und zu entwickeln, Ziele zu definieren, deren Erreichung zu kontrollieren und Entscheidungen zu fällen.

▦ Der Teamleader

Dem Teamleader muss die Gratwanderung gelingen, zwischen Polen zu agieren wie beispielsweise Nähe und Distanz zu seinen Teammitgliedern. So trägt er die Verantwortung für das Ergebnis der Teamarbeit, muss aber oft damit leben, dass bei einem Erfolg seine ganze Mannschaft die Lorbeeren erntet, während er bei Misserfolg persönlich verantwortlich gemacht wird.

Diese Situation erfordert eine klare Lösungsorientierung und auch eine bisweilen notwendige Härte. Andererseits werden vom Leader auch weichere Faktoren gefordert: Er soll für Atmosphärisches und das Klima verantwortlich sein – soll den individuellen Interessen der Einzelnen gerecht werden und Kompromissfähigkeit zeigen. Hier hat er also mehr Teammitglied zu sein als Chef/Chefin. Und in diesem Dilemma der Ambivalenzen hat er sich zu bewegen, ohne allzu sehr in eine Richtung zu kippen. Ihm muss die sensible Balance zwischen Personen- und Zielorientierung gelingen.

Im Rahmen eines praktikablen Modells – in Anlehnung an Hersey & Blanchard – lassen sich vier Typen des Teamleaders unterschieden:

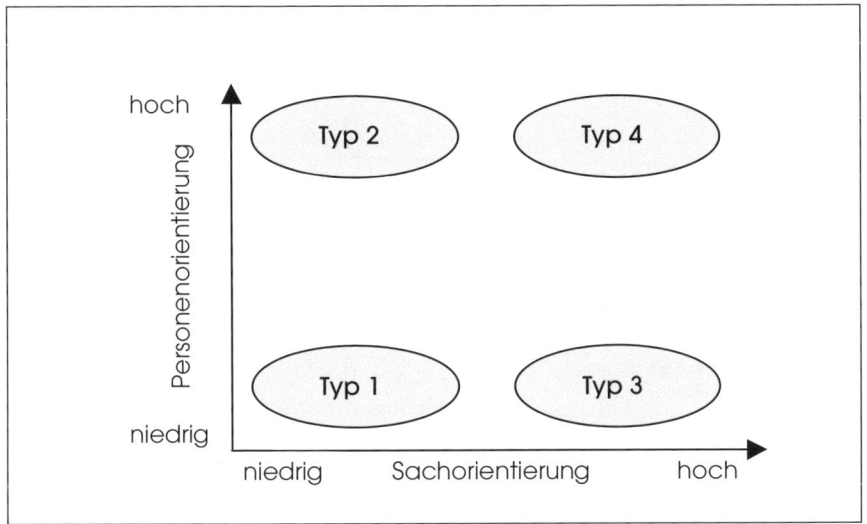

Abbildung: Die vier Typen des Teamleaders

Als Beurteilungsdimensionen verwenden wir die Personen- und die Sachorientierung. Personenorientierung beschreibt die Tendenz, sich den mitarbeiterbezogenen Prozessen zu widmen. Dies sind z. B. Konflikte, Entwicklung von Mitarbeiterinnen und Mitarbeitern, Beziehungsregulation usw. Unter Sachorientierung versteht man die Konzentration auf Ziele, Aufgaben, Prozesse. Je nach Kombination bzw. prototypischer Ausprägung ergibt sich ein bestimmter Typus.

TYP 1: MAUERBLÜMCHEN
„Ich fände es toll, wenn wir ein gemeinsames Ziel hätten. "

Sowohl die Personen- als auch die Sachorientierung sind niedrig ausgeprägt. Weder hinsichtlich der Mitarbeiterinnen und Mitarbeiter noch hinsichtlich der Teamziele besteht „Aktivität". Als ein Teamleader ist jemand mit einer solchen Tendenz nur schwer zu bezeichnen.

TYP 2: MR./MRS. NICE GUY
„Lasst uns zunächst einmal bei einem Tee drüber reden. "

Sehr hohe Personenorientierung bei gleichzeitig schwacher Sachorientierung. D. h. er verfügt über hohe Empfindsamkeit und großes Einfühlungsvermögen. Zu befürchten ist bei einem solchen Typus eine Nachlässigkeit gegenüber den Teamzielen sowie mangelnde Konsequenzen im Handeln.

TYP 3: EINPEITSCHER
„Bei mir zählt nur eins: ein Topergebnis!"

Eine hohe Zielorientierung bei geringer Personenorientierung. Mit geringem Einfühlungsvermögen stoßen sie häufig die Teammitglieder vor den Kopf. Solche Teamleader werden vor und nach jedem Schritt das Ergebnis betrachten, d. h. sehr zielorientiert vorgehen.

TYP 4: TEAMLEADER
„Wir balancieren unsere Zielorientierung und Eure persönlichen Bedürfnisse!"

Der Idealfall! Die Teammitglieder fühlen sich wohl, weil sie erfolgreich sind, und sie sind erfolgreich, weil sie zufrieden sind. Der Teamleader zeichnet sich durch eine Reihe von Eigenschaften aus, die jede für sich plausibel und wünschenswert ist, erst in ihrer Kombination jedoch die ganze Führungspersönlichkeit ausmachen. Durch eine ausgewogene Teamzusammensetzung und einen hoch qualifizierten Teamleader können sich Synergiepotenziale tatsächlich entfalten.

Streng genommen gilt eine solche Kategorisierung für jede Führungskraft. Immer geht es, neben anderen Merkmalen, um Personen- und Zielorientierung.

Anforderungen an einen erfolgreichen Teamleader

Der wesentliche Erfolgsfaktor für einen Teamleader ist also, die richtige Balance zwischen Sachorientierung einerseits und Personenorientierung andererseits herzustellen. Sie alle kennen Führungskräfte, die sich mehr der einen oder mehr der anderen Richtung zuneigen. Insgesamt kann man die oben aufgeführten Typen auf einige zentrale Soft Skills bzw. deren Ausprägung zurückführen.

Betrachten Sie z. B. das Mauerblümchen so können Sie annehmen, dass auch die generelle Führungsmotivation niedrig sein dürfte. Betrachten Sie den Typ des Einpeitschers so haben Sie es wahrscheinlich mit einer Person zu tun, deren Einfühlungsvermögen wahrscheinlich niedrig, dessen Konfliktbereitschaft aber hoch sein wird. Im Folgenden beschreiben wir auf einigen zentralen Dimensionen die jeweils günstigste Ausprägung für den idealtypischen Teamleader.

FÜHRUNGSMOTIVATION
Es ist eine Voraussetzung dafür, eine Gruppe erfolgreich zu führen, dass diese Eigenschaft vorhanden ist. Damit einhergehen sollte ein positiv wahrgenommener Machtanspruch, der Wille, Verantwortung zu über-

nehmen. Auch der Typus des Einpeitschers und des Nice Guy wollen führen. Das Mauerblümchen dagegen nicht.

HANDLUNGSORIENTIERUNG

Handlungsorientierte Menschen tendieren zu unbürokratischen und schnellen Lösungen. Sie vermeiden ausführliche, tiefschürfende Analysen und Routinearbeiten. Sie handeln statt zu warten. Ein Teamleader, der keine Entscheidungen trifft, blockiert ein Team.

FLEXIBILITÄT

Erfolgreiche Teamleader sollten abwechslungsreiche Arbeit schätzen. Ein streng geordnetes Vorgehen, eine absehbare Planerfüllung ist nicht das Ziel. In der Spannung und Herausforderung liegt ein Hauptmotivator.

KONTAKTSTÄRKE

Ungezwungen mit anderen in Kontakt treten zu können, emotionale Barrieren überspringen zu können, sind sehr hilfreiche Aspekte. Die Freude am Umgang mit anderen definiert auch grundlegend den Begriff der Personenorientierung.

EMPFINDSAMKEIT

Notwendig für einen erfolgreichen Teamleader ist ein gesundes Maß an Empfindsamkeit. Es sollte weder allzu labil und misserfolgsorientiert auf Störungen reagiert werden, noch sollte ein zu dickes Fell blind machen für atmosphärische Störungen im Umfeld.

KOOPERATIONSBEREITSCHAFT

Sie ist eine wesentliche Grundvoraussetzung. Denn nur wer tatsächlich davon überzeugt ist, dass sich in der Gruppe viele Probleme effizienter lösen lassen, sollte sich überhaupt in die Teamarbeit und deren Leitung begeben.

KONFLIKTBEREITSCHAFT

Konfliktbereite Menschen gehen einer Auseinandersetzung nicht aus dem Weg. Es wirkt sich positiv auf das Team aus, dass Auseinandersetzungen auf der Sachebene sofort angegangen werden. Entscheidungen werden zügig gefällt und nicht auf die lange Bank geschoben. Eine zu hohe Konfliktbereitschaft kann sich allerdings auf das Teamklima sehr ungünstig auswirken.

OFFENHEIT

Die Teamarbeit profitiert von einem offenen und ehrlichen Teamleader. Alle Informationen werden offen und transparent gehandhabt und nicht aus politischen Zwecken zurückgehalten. So wissen alle Teammitglieder immer schnell, woran sie sind.

GEWISSENHAFTIGKEIT

Für Führungskräfte typisch und gleichzeitig günstig ist eine tendenziell niedrige Gewissenhaftigkeit. Denn eine sehr hohe Gewissenhaftigkeit führt zu einer durch Sachprobleme ausgelösten inneren Blockade. Mit einer Führungskraft, die sich über Gebühr in Detailprobleme verstrickt, ist einem Team wenig geholfen. Dennoch sollte gelten: Vereinbarungen werden eingehalten, Aufgaben und auch komplexere Vorhaben werden mit Sorgfalt verfolgt und mitunter detailliert geplant. Begonnene Tätigkeiten werden nicht vorschnell beendet.

EINFÜHLUNGSVERMÖGEN

Einem einfühlenden Menschen fällt es leicht, sich in die Gedanken anderer hineinzuversetzen. Unbehagen, aber auch Zufriedenheit bei anderen werden schnell wahrgenommen. Menschen mit hohem Einfühlungsvermögen überlegen sich bereits im Vorfeld, welche Auswirkung das eigene Tun auf andere haben kann, da sie versuchen, das Empfinden anderer vorwegzunehmen.

▪ Welche Aufgaben hat ein Teamleader?

Die überfachlichen Anforderungen an einen Teamleader haben wir im obigen Abschnitt formuliert. Sie bilden die notwendigen persönlichen Voraussetzungen für den Teamerfolg. Betrachten Sie das vielfältige Aufgabenspektrum, das einem Teamleader bei seiner Tätigkeit gegenübersteht, wird klar, dass der reine Fachmann keine Idealbesetzung für eine Teamleitung darstellt. Das Aufgabenspektrum eines Teamleaders beinhaltet viele Aspekte, die reines Führungshandeln kennzeichnen.

ZIELE SETZEN UND KONTROLLIEREN

Bisweilen haben Teamleader eine L´art-pour-l´art-Mentalität, indem sie sich der Teamarbeit als solcher erfreuen. Eines gerät dabei in Vergessenheit: Alle Aktivitäten dienen dazu, die gestellten Aufgaben zu lösen, um ein konkretes Ziel zu erreichen. Klare Zielbeschreibung, Transparenz über Rahmenbedingungen, Aufgabenverteilung und Einigung auf Vorgehensweisen sind hiermit gemeint.

Hinzu kommt, dass diese Ziele kommuniziert werden müssen, so dass jedes Teammitglied nachvollziehen kann, dass sein persönlicher Beitrag notwendig ist um das Ganze zu erreichen. Die Kontrolle individueller Zielerreichungen ist hierbei kein Zeichen für Misstrauen, eher eine selbstverständliche Pflicht des Teamverantwortlichen.

AUFGABEN KOORDINIEREN

Eine zentrale Aufgabe des Teamleaders ist einerseits, übergeordnete Ziele auf die Ebene der Tätigkeitsfelder der Mitglieder zu bringen, andererseits, die einzelnen Aufgabenfelder systematisch miteinander zu verzahnen. Mit anderen Worten: Er ist mit der Verknüpfung der einzelnen Arbeitsanteile untereinander beschäftigt, fügt das Teamergebnis in den Unternehmensablauf ein.

DAS TEAM ENTWICKELN

Es handelt sich hier um alle Aktivitäten und Beiträge, die dazu dienen, dass das Team als solches leistungsfähig wird und bleibt – also alle Bemühungen, die aus einer Menge von Menschen ein echtes Team formen und zwischen ihnen ein Wir-Gefühl und Zusammenhalt entstehen lassen.

ENTSCHEIDUNGEN FÄLLEN

Die Position des Teamleaders umfasst die Verantwortung für Entscheidungen – unabhängig davon, ob sie vom ganzen Team oder vom Chef allein gefällt wurden. Oftmals sind Entscheidungen nötig, die nicht vom Team getroffen werden können oder müssen. Bisweilen stimmt die Aussage, es sei negativer keine Entscheidung zu fällen, als zu handeln. Hier bedarf es dann der Fähigkeit, mit Widerständen umzugehen und auch mit möglichen Fehlentscheidungen zurechtzukommen.

MITARBEITER FÖRDERN UND FORDERN

Teamleader haben unterschiedlichste Menschen zu führen, wie bereits aus der Beschreibung der Grundtypologien hervorging. Vergleichen Sie dazu das Vier-Typen-Modell im Kapitel Die psychologischen Grundbausteine. Ziel von Führung ist es nicht, Menschen gemäß den Ansprüchen anderer zu verändern. Vielmehr besteht die Führungsaufgabe darin, Menschen in ihren Fähigkeiten und Verhaltensweisen zu entwickeln. Mit den Worten Goethes: „Behandle die Menschen nicht so, wie sie sind, sondern als wären sie bereits so, wie Du sie haben möchtest."

IM KONFLIKTFALL MEDIIEREN

Zunächst bedarf es der Sensibilität Konflikte wahrzunehmen. Die Offenheit im Team sollte so groß sein, dass Konflikte nicht verborgen ausgetragen werden, sondern thematisiert werden. Ein strukturierter Teamentwicklungsprozess, wie er im Abschnitt Aktives Teambuilding beschrieben wird, kann hierfür die geeigneten Voraussetzungen schaffen. Der Teamleader hat die Aufgabe, den Konfliktkern benennen zu können, transparent zu machen und zu einer für alle tragbaren Lösung zu führen.

DAS TEAM VERTRETEN

Nach außen übernimmt der Teamleader die Verantwortung für das Auftreten und die Ergebnisse des Teams. Gleichzeitig ist es seine Aufgabe, sich als Sprecher und Lobbyist für die Belange des Teams im Unternehmen stark zu machen. Er ist Mittler zwischen der Außenwelt und ihrer Interessen sowie den Wünschen des Teams. Hierbei kann er auch zwischen die Fronten geraten.

Typologien im Team

Erfolgreiche Teams sind meist komplementär zusammengesetzt. D. h. gerade die Unterschiedlichkeit der einzelnen Mitglieder bedingt den Erfolg. Individuelle Stärken ergänzen sich, Schwächen werden ausgeglichen. Wenn Teams überdurchschnittliche Ergebnisse erzielen wollen, müssen Teamleader und Mitglieder in der Lage sein, Stärken, Bedürfnisse und Schwächen der anderen zu erkennen und manches auch zu akzeptieren. Im Idealfall wird der andere gerade in seinem Anderssein geschätzt.

Häufig bilden sich in Teams Typologien heraus, die über fachliche und methodische Kompetenzen hinausgehen. Bisweilen bieten Teams förmlich Lücken, die es von einem neuen Teammitglied auszufüllen gilt. Aus der Praxis abgeleitet lassen sich für Teammitglieder die folgenden, klassischen Kategorisierungen finden, die Sie schon aus dem Kapitel „Die psychologischen Grundbausteine" kennen:

DER TREIBER

Er sucht stets den Reiz des Neuen, gilt als flexibel und innovativ. Routine ist ihm zuwider. Das Team wird von ihm herausgefordert und angetrieben. Weniger die Problemseiten als vielmehr mögliche Lösungsalternativen hat er im Kopf. Proaktiv engagiert er sich für seine Ziele und achtet darauf, dass eigene Interessen nicht zu kurz kommen. Dabei kann er auch andere verletzen.

DER ANALYTIKER

Er zeichnet sich durch die Genauigkeit seines Arbeitsstils aus und sichert auf diese Weise einen hohen Qualitätsgrad seiner Ergebnisse ab. Sich ins Detail vertiefend, geht er den Dingen auf den Grund. Wenn er es zu weit treibt, sieht er den Wald vor lauter Bäumen nicht mehr und verliert dabei den Blick fürs Ganze.

DER AUSDRUCKSVOLLE

Er hält das Team bei Laune. Der Expressive ist stimmungsvoll, begeistert sich schnell für Neues und animiert andere zum Mitmachen. Routinearbeiten liegen ihm nicht. Er lässt sich schnell ablenken und sucht den Kontakt zu anderen, das Schwätzchen zwischendurch. Er mag es, wenn sich Spaß und Arbeit miteinander verbinden lassen, übersieht dabei aber gerne finanzielle Begrenzungen. Aufgrund seines ausgeprägten Geltungsbedürfnisses braucht er ein Umfeld, in dem seine Beiträge anerkannt werden und Wertschätzung erfahren.

DER ZUVERLÄSSIGE

Er unterstützt das Team, ohne unbequeme Fragen zu stellen, und ist somit leicht zu führen. Hochmotiviert löst er vorgegebene Aufgaben. Dabei bevorzugt er erprobte Strukturen und Vorgehensweisen. Wichtig ist ihm ein harmonischer Umgang mit anderen. Ablehnungen seiner Person können ihn vor dem Hintergrund einer gewissen Labilität und Empfindsamkeit demotivieren. Auch hier wird eine der Kernaufgaben des Teamleaders offenbar: Er hat die Teammitglieder in ihrer Verschiedenartigkeit zusammenzuführen. Und besonders hier gilt: „Das Ganze ist mehr als die Summe seiner Teile."

Folgerungen für die Praxis

So sollten Sie mit dem Treiber umgehen:

- Kommen Sie in Gesprächen direkt zum Thema.
- Geben Sie ihm Gelegenheit, zusätzliche Verantwortung zu übernehmen und Erfolge zu erzielen.

- Überlassen Sie ihm die Initiative. Legen Sie Grenzen fest und lassen Sie ihm sonst freie Hand.

So sollten Sie mit dem Analytiker umgehen:

- Schaffen Sie ein Umfeld, welches Sicherheit bietet (durch klar definierte Regeln, Richtlinien etc.).
- Delegieren Sie Aufgaben, die Genauigkeit und Präzision erfordern.
- Seien Sie immer gut vorbereitet, argumentieren Sie sachbezogen und halten Sie Zusagen unbedingt ein.

So sollten Sie mit dem Ausdrucksvollen umgehen:

- Achten Sie auf eine partnerschaftliche Beziehung. Seien Sie freundlich, gelassen und nicht allzu förmlich.
- Geben Sie dem Expressiven die Möglichkeit, im Rampenlicht zu stehen.
- Schaffen Sie ein Umfeld, in dem Leistung und Erfolg anerkannt und gewürdigt werden.

So sollten Sie mit dem Zuverlässigen umgehen:

- Schaffen Sie ein sicheres, risikofreies Umfeld. Bleiben Sie beständig und berechenbar in Ihrem Verhalten.
- Bereiten Sie Veränderungen gut vor und führen Sie diese schrittweise und ohne Druck ein.
- Zeigen Sie echte Anerkennung für Leistung und signalisieren Sie authentisches Interesse an der Person.

Teambuilding

Teambuilding kann man unter verschiedenen Perspektiven betrachten. Einerseits als Prozess, der auch in ungesteuerten Teams in relativ systematischer Weise abläuft, das natürliche Teambuilding. Andererseits kann man auch aktiv in den Teambuildingprozess eingreifen.

Natürliches Teambuilding

Teams sind dynamische Gebilde, die einem natürlichen Entwicklungsgang unterliegen und typischerweise die folgenden vier Phasen durchlaufen:

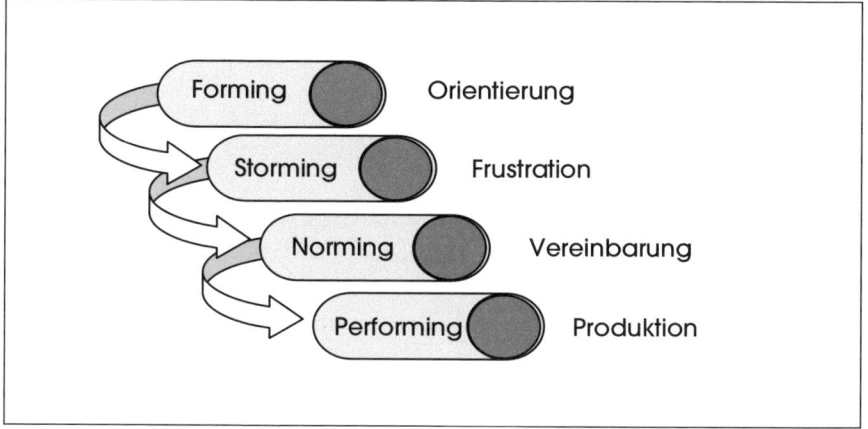

Abbildung: Phasen der Teamentwicklung

Diese Phasen gehen fließend ineinander über und können sich zeitweise überlappen. Auch ein Rückschritt von einer Phase in die vorhergehende ist in bestimmten Situationen, z. B. bei veränderten Rahmenbedingungen, einem neuem Auftrag oder neuen Teammitgliedern, möglich.

FORMING

Ein Team wird geformt. Erstmals trifft man zusammen, ist neugierig und vorsichtig zugleich. Noch beschnuppert man einander, tastet sich zur eigenen Rolle vor und versucht zu ermitteln, welches die Rollen der anderen werden könnten. Auf diese Weise kommt es in der ersten Phase weder zu Konflikten noch zu überschwänglichen Verbrüderungen, es herrscht eher eine höfliche Unverbindlichkeit. Man orientiert sich.

STORMING

In dieser Organisationsphase einigt man sich auf Vorgehensweisen und Spielregeln. Aufgaben werden verteilt, Schnittstellen werden definiert. Und hier entscheidet sich, inwieweit der Teamleader nur Leitplanken definieren muss und das Team sich innerhalb dieser selbst organisiert oder ob er doch eine aktivere Rolle übernehmen muss, um eventuell später das Team zur gewünschten Reife zu führen.

Durch die in dieser Phase möglicherweise auftretenden Interessenskonflikte zwischen Teammitgliedern kann es zum Sturm kommen. Frustration bei den Teammitgliedern entsteht. Und wieder zeigt sich in einer solchen Situation die Fähigkeit des Leaders, in kritischen Momenten die Zügel in der Hand zu haben.

NORMING

Der Einsicht gewahr werdend, dass es so nicht weitergeht, gilt es, nach konstruktiven Lösungswegen zu suchen. Und das schließt die sozialen Umgangsformen, Ansprüche aneinander, Spielregeln, Umgang mit Konflikten genauso ein wie Arbeitsmethodik und Koordinationsgeschick. Offene und konstruktive Diskussionen, auch mit externer Unterstützung, sind Voraussetzung für die Bewältigung dieser Teamphase. Im Fokus der Teamarbeit steht die Entwicklung des Wir-Gefühls.

PERFORMING

Dies ist die Phase, in der das Team den Zustand der Reife erreicht hat und sich weniger um sich selbst dreht, sondern sich auf die gemeinsame Arbeit konzentrieren kann. Das Wir-Gefühl erreicht ein neues Niveau und die Mitarbeiter freuen sich aktive Teile des Teams zu sein. Es existiert ein starkes Selbstvertrauen der Teammitglieder in sich selbst und in das Team.

Mit diesem Rückenwind werden neue Herausforderungen selbstbewusst in Angriff genommen. Der Teamleader hat im besten Fall nur eine Seismographenfunktion, um rechtzeitig gewahr zu werden, wenn das Team in frühere Phasen zurückfällt und sein Trouble-shooting verlangt wird.

Folgerungen für die Praxis

To do's während der Orientierungsphase:

- Möglichst schnelles Erkennen der sachlichen Zusammenhänge.
- Aktives Erfragen der Erwartungen und Vorstellungen anderer Teammitglieder.

To do's während der Frustrationsphase:

- Beruhigend wirken und vermeiden, dass Konflikte geschürt werden.
- Keine Überbewertung emotionaler Entgleisungen anderer.
- Vermitteln von Sicherheit und Ruhe, insbesondere den Verwirrten und Besorgten.
- Beobachten der sich entwickelnden Macht- und Rollenstrukturen.

To do's während der Phase der Vereinbarung:

- Vereinbaren von Zielen, Aufgaben, Rollen und Verantwortlichkeiten.
- Würdigung erster Arbeitserfolge
- Fördern von Gemeinsamkeiten und gegenseitiger Akzeptanz durch regelmäßige Treffen (auch off the job).

To do's während der Produktionsphase:

- Verstärkung der informellen Treffen.
- Gegenseitige Unterstützung fordern und fördern (z. B. durch entsprechende Aufgabenverteilung).
- Hervorheben der Beiträge Einzelner zum Projekterfolg.

▪ Aktives Teambuilding

Den oben genannten vier typischen Teamentwicklungsphasen ist das Team nicht ausgeliefert. Die Entwicklung ist beeinflussbar. Vor allem in der Storming-Phase gilt es, Transparenz zu schaffen und die Prozesse gezielt so voran zu treiben, dass die Performing-Phase rasch erreicht wird, ohne dass es zu Rückfällen kommt.

Aktives Teambuilding in der Storming-Phase beinhaltet:

▪ Unterstützung des Teams bei der Zielerreichung und Entwicklung eines konstruktiven Teamklimas.
▪ Konfliktmediation als Musterlösung für den Umgang mit Konflikten.
▪ Hilfestellung bei der Entwicklung von Fähigkeiten der Teammitglieder.
▪ Begleitung, wenn Teamspielregeln entwickelt werden.

Eine aktive Unterstützung der Teamarbeit ist aber auch angezeigt, wenn die Teamentwicklung in besonders kritischen Situationen der übrigen Phasen stagniert oder die Teammitglieder allgemein das Bedürfnis haben, die Zusammenarbeit und Kommunikation zu verbessern.

Ziele einer solchen Unterstützung des Teams sind:

▪ Die Teammitglieder auf ein gemeinsames Ziel zu commiten.
▪ Positive Synergieeffekte in der Zusammenarbeit der Bereiche zu erhöhen.
▪ Die Kommunikation durch Verbesserung des gegenseitigen Verständnisses zu fördern.
▪ Spannungen und Konflikte abzubauen.
▪ Den Teamgedanken und das Wir-Gefühl zu stärken.

TYPISCHE ANLÄSSE FÜR EIN AKTIVES TEAMBUILDING

- Mangelhafte Kommunikation und Kooperation
- Fehlende Konfliktbereitschaft
- Mangelnde Entscheidungsfähigkeit
- Fehlendes Wir-Gefühl
- Unklare Rollendefinitionen
- Fehlende Zielorientierung
- Stress und Konkurrenzdruck
- Sonstige zwischenmenschliche Konfliktfelder

Teambuildings von externen Beratern und Trainern durchgeführt haben den Vorteil, dass weder politische noch hierarchische Faktoren den Prozess gefährden können. Zudem hat ein außenstehender Beobachter mehr Abstand zur Sache.

Die Vorgehensweise des Teambuildings bewegt sich auf den folgenden drei verschiedenen Ebenen:

- Reflexion des eigenen Verhaltens und des Teamgeschehens.
- Erkennen und steuern gruppendynamischer Prozesse.
- Sicherheit im Umgang mit Konflikten.

REFLEXION

Zur Selbstreflexion wird einerseits das Team als Ganzes, andererseits jeder einzelne Mitarbeiter angehalten. Auf der individuellen Ebene werden Fragen wie „Wie wirke ich auf andere und was löst mein Verhalten bei anderen aus?" oder „Was bedeutet mein Verhalten für das Team als Ganzes?" offen reflektiert. Diese Vorgehensweise berührt grundlegende Verhaltensmuster des Einzelnen im Team, die für den Teamerfolg von Bedeutung sind.

Auf der Ebene des Teams wird der Umgang miteinander, die Art und Weise des Kommunizierens und des Zusammenarbeitens thematisiert. „Wie gehen wir miteinander um?", „Wie geben wir uns Feedback?", „Was macht unser Team eigentlich aus?" sind typische Fragen zur Selbstreflexion eines ganzen Teams. Dies dient insbesondere zur Standortbestimmung.

ERKENNEN

Um die gruppendynamischen Prozesse innerhalb des Teams entdecken und bearbeiten zu können, müssen Verhaltensmuster und Angewohnheiten offengelegt werden, die sich unmittelbar auf die Beziehungen im Team auswirken und gleichzeitig von diesen beeinflusst werden. Im Teamtraining werden die vorhandenen Rollen vorsichtig offengelegt und hinterfragt, Alternativen werden entwickelt und ausprobiert. Somit haben die Teammitglieder die Möglichkeit, selbst zu beobachten und zu entscheiden, wie viel sie von ihrer Teamrolle behalten wollen oder ob es Alternativen gibt, die attraktiv genug sind, eine Verhaltensänderung durchzuführen.

SICHERHEIT

Die anschließende Entwicklung von Spielregeln für den Konfliktfall soll nicht für eine dauerhafte und unbedingte Harmonie sorgen, sondern eine Streitkultur ermöglichen, die aus Konflikten lernen lässt. Konflikte werden zu diesem Zweck innerhalb des Teamtrainings exemplarisch gelöst. Anschließend werden Spielregeln abgeleitet, die für die Lösung eines jeden Konflikts als beispielhaft gelten können – unabhängig davon, wie die inhaltliche Lösung aussehen wird.

Voraussetzung dafür ist zuallererst, dass eine Teamkultur entwickelt wird, die es ermöglicht, sich Konflikten zu stellen und zu eigenen Fehlern zu stehen. Den Mut aufzubringen, sich mit Konflikten zu konfrontieren, fällt dem Einzelnen leichter, wenn vorgelebt wird, dass eine konstruktive Konfliktbearbeitung möglich ist und die Spielregeln entsprechend eingehalten werden.

Zusammenfassung

DIE WICHTIGSTEN BOTSCHAFTEN
FÜR SIE ZUSAMMENGEFASST:

Minoritäts- und Majoritätseinfluss sind grundlegende und nicht vermeidbare Effekte einer Meinungsbildung in Gruppen.

Im Falle des Majoritätseinflusses beeinflusst eine Gruppe die Meinung eines einzelnen oder weniger Gruppenmitglieder durch das, was wir „Gruppendruck" nennen. In diesem Falle findet keine wirkliche Überzeugung statt.

Im Falle des Minoritätseffektes gelingt es einzelnen Personen, durch eine sehr konsequente, sachliche Haltung die Gruppe in ihrer Meinung zu beeinflussen. Im Gegensatz zum Majoritätseffekt kann diese Meinungsänderung nicht durch Gruppendruck zustande kommen sondern muss auf wirklicher Überzeugung beruhen.

Da Führungskräfte bestrebt sein sollten, bei ihren Mitarbeitern und Mitarbeiterinnen ein größtmögliches Maß an Commitment zu erzeugen, gilt es, Entscheidungsprozesse in der Gruppe niemals durch solche Effekte dominieren zu lassen. Also weder zuzulassen, dass die Gruppe die Meinung einzelner dominiert, noch dass einzelne durch konsequentes Dagegenhalten die Gruppenmeinung beeinflussen. Stattdessen sollte in entsprechend wichtigen Entscheidungsprozessen absolute Transparenz und partnerschaftliches Miteinander (vs. Gruppendruck und Beeinflussung) im Vordergrund stehen – notfalls unterstützt durch Moderationstechniken. Diese Transparenz und Offenheit verhindert auch das, was man „Group think" nennt. Eine im Nachhinein völlig irrationale, wirklichkeitsferne Gruppenentscheidung, die durch Abschottung der Gruppe und einen sich aufbauenden Gruppendruck zu erklären ist.

Darüber hinaus gilt hinsichtlich der Aspekte des Teambuildings:

Die Auswahl eines Teamleaders sollte sich neben den fachlichen Anforderungen auch auf soziale Kompetenzen stützen. Diese Anforderungen lassen sich stringent aus den Kernaufgaben eines Teamleaders herleiten.

Typologien, d. h. typische Teamrollen von Menschen (z. B. „der Treiber", „der Analytiker" usw.) können einem Teamleader Anhaltspunkte
für den Umgang mit den Teammitgliedern geben.

Aktives Teambuilding kann Teams sinnvoll unterstützen. Aktives
Teambuilding bezeichnet die Begleitung des sich formierenden Teams
durch einen externen Moderator oder Trainer. Insbesondere in der sog.
Storming-Phase ist Unterstützung angebracht und sinnvoll.

Literaturverzeichnis

- Teamarbeit, Führen und Erfolge sichern.
  Rainer Niermeyer, 2001, Rudolf Haufe Verlag, Freiburg.
- Motivation, Instrumente zur Führung und Verführung.
  Rainer Niermeyer, 2001, Rudolf Haufe Verlag, Freiburg.
- Grundlagen der Führung.
  Rainer W. Stroebe, 1999, Sauer-Verlag Heidelberg.
- Motivation.
  Rainer W. Stroebe, 1999, Sauer-Verlag, Heidelberg.
- Konfliktmanagement, Konflikte kompetent erkennen und lösen.
  Friederike Höher, Peter Höher, 2002,
  Rudolf Haufe Verlag, Freiburg.
- Rhetorik, Hart verhandeln – erfolgreich argumentieren.
  Hedwig Kellner, 1999, Carl Hanser Verlag, München, Wien.
- Das geheime Wissen der Personalchefs.
  Hedwig Kellner, 1998, Eichborn, Frankfurt.
- Mit soft skills mehr erreichen.
  Penny Schiffer, Boris von der Linde, 2001,
  Verlag moderne Industrie, München.
- Motivation und Handeln.
  Heinz Heckhausen, 1989, Springer-Verlag, Heidelberg.
- Psychologische Theorien für Unternehmen.
  Wottawa, Gluminski, 1995,
  Verlag für angewandte Psychologie, Göttingen.
- Organisationspsychologie.
  Heinz Schuler, 1995, Verlag Hans Huber, Bern.
- Arbeits- und Organisationspsychologie.
  Gerd Wiendieck, 1994,
  Beltz Psychologie Verlags Union, Weinheim.

Stichwortverzeichnis